VOYAGE EN ITALIE.

VOYAGE

EN ITALIE,

OU

CONSIDÉRATIONS

SUR L'ITALIE.

Par feu M. DUCLOS, Hiſtoriographe de France, Secretaire perpétuel de l'Académie Françoiſe, &c.

<hr>

A MAESTRICHT,

Chez J. P. ROUX & COMPAGNIE, Imprimeurs-Libraires, aſſociés.

<hr>

1793.

AVIS

DES ÉDITEURS.

C'EST en 1767, que feu M. Duclos a fait un voyage en Italie. Les changemens furvenus depuis dans cette partie de l'Europe, loin de diminuer l'intérêt que font naître les Ouvrages de cette efpece, quand ils viennent de bonne main, ne peuvent que l'augmenter aujourd'hui; & c'eft ce qui nous porte à publier celui-ci, perfuadés de l'accueil favorable, qu'il recevra du Public.

Nous ne manquons pas de defcriptions de l'Italie. Ses édifices anciens & modernes, fes ftatues, fes tableaux, fes richeffes littéraires, tout a été obfervé & décrit ou par des favans ou par des amateurs éclairés. Il nous manquoit cependant un ouvrage propre à nous faire connoître l'influence du climat, des principes ou des préjugés fur les mœurs des habitans de toutes les claffes, & fur l'influence, pour le moins auſſi active, des intérêts locaux, des chefs, & ſur-tout des guides de ces habitans.

Duclos, par caractère, par goût, par habitude, étoit l'homme le plus capable d'enviſager & de faire connoître l'Italie ſous ce point de vue, & ce point de vue eſt un foyer de lumiere qui répandra ſur les écrits de beaucoup de voyageurs qui l'ont dévancé une eſpece de jour qui leur manque. Les *Conſidérations ſur l'Italie* (car le titre que l'auteur a donné à cet écrit) ſont une clef commune qui ouvre l'entrée & les iſſues d'une multitude de défilés obſcurs dans leſquels il n'eſt que trop aiſé de s'égarer. » Relativement à une nation, » comme il l'a dit ailleurs lui-même, » on entend par les *mœurs*, ſes coutu- » mes, ſes uſages, non pas ceux qui, » indifférens en eux-mêmes, ſont du » reſſort d'une mode arbitraire ; mais » ceux qui influent ſur la maniere de » penſer, de ſentir & d'agir, ou qui en » dépendent.... Les peuples ont, com- » me des particuliers, leurs caracteres » diſtinctifs, avec cette différence, que » les mœurs particulieres d'un homme » peuvent être une ſuite de ſon carac-

» tere, mais elles ne les conftituent pas
» néceffairement; au-lieu que les mœurs
» d'une nation forment précifément le
» caraĉtere national ".

Cet efprit philofophique le fuivoit
par-tout. Il eft frappant, non-feulement
dans fon Hiftoire de Louis XI, dans fes
Mémoires pour l'hiftoire du dernier régne; mais dans les romans mêmes qu'il
a publiés dans fa jeuneffe. On retrouve,
dans tout ce qu'il a écrit, ce caraĉtere
obfervateur qui le ramenoit par des
faits à fa maxime : » Que les princi-
» pes puifés dans la nature font tou-
» jours fubfiftans; mais que pour s'af-
» furer de la vérité, il faut fur-tout
» obferver les différentes formes qui les
» déguifent fans les altérer, & qui,
» par leur liaifon avec les principes,
» tendent de plus en plus à les confir-
» mer ".

Il a confervé, en écrivant fes Confidérations fur l'Italie, cette gaieté franche qui rendoit fa fociété fi agréable,
fans nuire à cette droiture inaltérable
qui le portoit à refpeĉter & à louer
toujours la vertu, à démafquer & à dé-
crier perfévéramment les vices, & fur-

tout l'hypocrisie. Il n'employoit l'arme
du ridicule que contre les sots à prétentions ; il traitoit sérieusement & plus
amérement les mauvais citoyens ; & il
savoit les démêler, dans quelque classe
de la société qu'ils fussent placés.

On en trouvera mille preuves dans
cet Ouvrage. Son caractere libre, son
esprit pénétrant y ont semé des anecdo-
tes, des épigrammes, des développe-
mens très - intéressans, soit sur l'esprit
ecclésiastique, soit sur cet esprit mona-
cal, qui s'exercent avec plus de subti-
lité & d'adresse en Italie que par-tout
ailleurs, mais que de bons yeux ne
confondent nulle part. Nous ne doutons
point, par exemple, qu'on ne life avec
intérêt & avec fruit ce qu'il dévoile
sur les intrigues de fanatiques de toute
espece, tels que l'apologiste de la Saint-
Barthelemy (l'abbé de Caveirac) &
l'abbé du Four. Ils furent envoyés l'un
& l'autre de France à Rome par deux
partis qui en apparence n'existent plus,
mais dont la conduite peut servir d'exemple & d'avertissement pour tous les
temps & pour tous les lieux. En un
mot, Duclos a écrit, en 1767, quantité de vérités & de réflexions, qu'a-

lors tout le monde eût regardées comme hardies, mais trop fenfées & trop
importantes pour n'être pas toujours
utiles.

Après la mort de Duclos, le manufcrit original fut importé en Bretagne par
fon légataire univerfel, M. de Noual.
C'étoit un citoyen honnête, mais qui
n'ayant jamais cultivé les lettres, n'é-
toit pas à portée d'en connoître le prix.
Il en exifte une copie relue avec foin
par Duclos, & corrigée en quelques endroits de fa main. Nous fommes parfaitement fûrs que notre manufcrit eft
abfolument conforme à l'original. Il ne
doit donc pas être confondu avec ces
copies furtives, informes, incomple-
tes, que défigurent de plus en plus des
additions, des interpolations, des notes
de la part d'éditeurs qui n'envifagent
que leur utilité pécuniaire dans les ouvrages qu'ils publient.

Des gens de lettres étroitement liés
avec Duclos exiftent encore en affez
grand nombre à Paris; tous connoiffent
fon ftyle, fa maniere de voir & de juger, & plufieurs lui ont entendu lire
de longs morceaux des *Confidérations*

fur l'Italie. Nous invoquons leur témoignage avec la plus grande confiance. Ils ne confondront pas des Editeurs qui refpectent le Public avec des prétendus Editeurs qu'on devroit plutôt nommer les détracteurs de Duclos, & qui, par le mélange de leur ftyle avec le fien, & encore plus de leurs idées avec les fiennes, ne pourroient qu'affoiblir la jufte réputation de ce courageux ami des Hommes, des Lettres & de la Liberté.

VOYAGE

EN ITALIE,

OU

CONSIDÉRATIONS

SUR L'ITALIE.

Un defir affez général eft celui de voir l'Italie, & fur-tout cette Rome, jadis capitale de l'univers, qui, dans un autre genre, l'eft encore d'une grande partie de l'Europe, & peut continuer de l'être, au moins pour quelque temps, fi fon gouvernement fe réforme.

Pour peu qu'on ait eu d'éducation, on n'a, dans la jeuneffe, entendu parler que des Grecs & des Romains; & nous continuons d'être encore plus familiarifés avec ceux-ci qu'avec les autres, par les relations politiques & journalieres avec la cour de Rome : au-lieu que la Grece moderne eft actuellement enfevelie dans la barbarie, & nous eft abfolument étrangere.

A vj

La plupart des jeunes gens connoiſ-
ſent plus les noms d'Alexandae, de Céſar,
de Scipion, d'Annibal, &c. que ceux des
rois ou des grands hommes de leur patrie ; & le peuple ſait mieux les noms
des miniſtres ſubſiſtans , ou de leurs
commis, que ceux des héros de l'antiquité. Il n'en eſt pas ainſi de Rome. Le
plus bas peuple de la catholicité entend
parler de Rome auſſi ſouvent que les
gens inſtruits. Rome & le St. Pere occupent une place conſidérable dans ſon
imagination. Cette dévotion, qui s'allie
ſi communément à la ſuperſtition , au
libertinage & aux mœurs baſſes & cra-
puleuſe , produit la foule de pélerins,
de gueux & de coquins dont l'Italie eſt
inondée , & dont la capitale eſt toujours
le centre de réunion. D'un autre côté,
l'amour de l'antiquité & des arts, le deſir
de voir les lieux qu'ont habité les maîtres
de l'univers, dont tout rappelle le ſouve-
nir dans Rome, y attire une quantité de
ſavans de toutes nations, d'artiſtes & de
curieux opulens, très-utiles au pays par
l'argent qu'ils y laiſſent. On y voit donc
à la fois un concours perpétuel d'hommes
de mérite, & de la plus vile canaille.

J'avois toujours eu le deſir, commun
aux gens de lettres, de faire ce voyage,
& je m'étois ſouvent trouvé dans les cir-

conſtances les plus favorables à mon deſſein, ſur-tout pendant l'ambaſſade du duc
de Nivernois à Rome, & celle de l'abbé, depuis cardinal de Bernis, à Veniſe.
J'étois particuliérement lié avec l'un &
l'autre, mes confreres à l'académie, &
je connoiſſois tous les autres miniſtres de
France en Italie. Des contrariétés d'affaires m'avoient toujours empêché d'ef-
fectuer mon projet. J'étois convenu depuis avec le cardinal de Bernis de l'accompagner au premier conclave ; mais
Clément XIII, vivant plus que nous ne
l'avions cru, & moi avançant en âge ſans
être guéri de ma curioſité, je pris bruſquement mon parti. A ſoixante ans paſſés,
mais avec une ſanté d'Athlete, que j'ai
miſe, dans mon voyage, à toute ſortes
d'épreuves, je réſolus de voir cette Italie, ſi vantée par les voyageurs. J'ai ſu
par moi-même, ce qu'il y avoit à rabat-
tre des relations faites par des gens déter-
minés à l'admiration avant que d'avoir vu,
& qui ne veulent ſur rien avoir perdu les
frais de leur voyage. Il y a tant de livres
ſur les monumens & le matériel de Rome
& de l'Italie qu'on peut conſulter, &
auxquels je recourrai moi-même, quand
je voudrai me rappeller ce que j'ai vu,
que je me bornerai à quelques réflexions
que je ne trouverois pas ailleurs. Je les

ferai fuivant les objets qui me les four-
niront; je ne les écris que pour moi &
mès amis; peut-être ajouterai-je à mes
notes mon jugement fur les différens
voyage qui ont paru, & fur l'ufage qu'on
en peut faire.

Je partis donc de Paris, le 16 no-
vembre 1766, & pris la route de Lyon,
n'ayant avec moi qu'un domeftique fidele, jeune & vigoureux qui m'eft attaché dès fon enfance, & m'avoit déja
fuivis dans plufieurs voyages. La faifon
pour celui-ci étoit affez mal choifie, mais
j'avois tant ouï parler de la douceur du
climat d'Italie, que je croyois aller au-
devant du printemps. Premiere erreur.
Ce n'eft pas abfolument fur les degrés de
la latitude qu'on doit juger ceux de froid
& de chaud d'un pays. La nature du fol,
la pofition des montagnes, & plufieurs
caufes externes influent tellement fur la
température, que le froid eft fouvent plus
vif & plus long en Piémont, dans le Mi-
lanais & dans la partie feptentrionale de
l'Italie, qu'en France. Les Alpes, fi
long temps couvertes de neiges, & dont
le fommet en conferve toujours, anti-
cipent l'hyver & retardent le printemps.
Il eft vrai qu'après la fonte des neiges,
les rayons du foleil, concentrés & réflé-
chis par les montagnes, produifent une

chaleur exceſſive, ce qui, loin d'être un dédommagement, eſt encore un déſavantage du pays.

Je trouvai, en arrivant à Châlons, le comte de Rochefort-Dailli, lieutenant des gardes-du-corps & couſin de l'évêque, avec qui il comptoit paſſer quelques jours, & venir enſuite me rejoindre à Lyon ou à Marſeille.

Je fis à Châlons une rencontre qui me fut très-agréable, celle du chevalier de Beauvau & de la marquiſe de Boufflers ſa ſœur, qui alloient joindre en Languedoc le prince de Beauvau, leur frere, nommé pour tenir les états de cette province. Au-lieu de continuer la route en différentes voitures, & pour être plus long-temps enſemble, nous nous embarquâmes ſur la Saone dans la diligence. A mon départ de Châlons, le comte de Rochefort m'envoya un panier de bouteilles du plus excellent vin de l'évêque, à qui nous donnâmes, le chevalier de Beauvau & moi, notre bénédicton.

Comme j'avois fait part au chevalier & à madame de Boufflers de mon voyage en Italie, ils voulurent m'engager à le remettre au printemps de l'année ſuivante, & à les accompagner aux états de Languedoc, m'offrant de me mener enſuite en Italie, où ils ſe propoſoient d'al-

ler voir la princeſſe de Craon, leur mere, qui vouloit ſe retirer à Florence, où
on lui avoit déja préparé un palais. La
propoſition étoit ſéduiſante; mais entre
la tenue des états & le voyage d'Italie,
il auroit fallu retourner à Paris, & j'a-
vois, indépendamment du deſir de voyager, des raiſons de m'éloigner. L'affaire
contre M. de la Chalotais, auſſi odieuſe
& auſſi abſurde que celle d'Urbain Gran-
dier, étoit dans toute ſa force. Je m'é-
tois expliqué ſi ſouvent & ſi publiquement ſur le brigandage des auteurs & des
inſtrumens de cette perſécution, que j'a-
vois fort déplu à quelques miniſtres, &
ſur-tout à un certain intrus dans l'adminiſtration, où il n'a porté que des talens
de procureur, & un orgueil ſtupide, ne
pouvant atteindre à la fierté. Sa ſenſibi-
lité bourgeoiſe s'étoit trouvée bleſſée de
quelques plaiſanteries qu'il m'attribuoit,
& dont il vouloit faire des crimes d'état.
J'e neus des avis très-ſûrs. Sachant ce qu'un
tel ouvrier ſavoit faire, & qu'il n'étoit
permis de parler ni de penſer honnêtement, je ſuivis le conſeil de m'abſen-
ter. Ce n'eſt pas ici le lieu de m'étendre
ſur ce myſtere d'iniquité, qui exige un
ouvrage exprès.

Madame de Boufflers & ſon frere inſtruits de mes raiſons, ne me preſſerent

plus de changer de projet. Je leur propofai à mon tour de venir voir Marfeille & Toulon, & ils y confentirent. Mais en arrivant à Lyon, nous trouvâmes le prince de Beauvau qui, craignant que le voyage de Toulon n'arrêtât trop long-temps fon frere & fa fœur qui devoient faire les honneurs de fa maifon à Montpellier, rompit notre partie. Le lendemain il me mena dîner chez M. de la Verpiliere, prévôt des marchands, & de-là à la comédie, où nous avions demandé la partie de chaffe de Henri IV, que je defirois d'autant plus de voir repréfenter, que j'en aime le fujet & l'auteur, & que la repréfentation ne s'en fait point à Paris, fans doute par de bonnes raifons, car on n'ofe les dire. Je paffai deux jours avec la fœur, les deux freres & quelques évêques de Languedoc qui alloient aux états. Quand je vis que tous en prenoient la route, je pris celle d'Avignon par la diligence du Rhône. Arrivé le jeudi 27, dès neuf heures du matin, par un beau temps, quoique froid, je paffai la journée à parcourir la ville & les dehors. Le jour fuivant je pris une voiture bien fermée pour me rendre à Marfeille, où j'arrivai le 30 au matin. Le comte de Rochefort m'y joignit le jour même. Nous jouiffions en décembre de ce beau foleil de Provence

& de la température la plus douce ; mais le fol de cette province n'eft, prefque par-tout, qu'un fonds pierreux ou de craie, & les triftes oliviers d'un verd noir, dont la campagne eft couverte, n'offrent pas un payfage agréable. Nous nous pro- menions beaucoup, mon camarade de voyage & moi ; le foir nous allions à la comédie, & revenions fouper à notre au- berge, en très-nombreufe compagnie, comme nous y avions dîné au milieu de gens dont nous ne connoiffions aucun, ce qui nous amufoit affez. Nous fûmes bientôt connus, & nous l'étions trop du duc de Villars, gouverneur de Provence & alors à Marfeille, pour pouvoir nous difpenfer de le voir. Nous y allâmes donc & en fûmes reçus très-poliment, Dès qu'il nous apperçut, il fortit du cercle des officiers & des notables de la ville, pour venir au-devant de nous. Il nous in- vita à dîner, mais ayant ajouté que fon repas ordinaire étoit le fouper, nous le priâmes de ne point déranger fon régi- me, & de nous excufer fi nous n'accep- tions pas le fouper, attendu que, fatigués de nos courfes du jour, nous nous reti- rions de très-bonne heure, & qu'il nous fuffifoit de n'être pas venus dans fon gouvernement, fans lui rendre nos de- voirs. Cela nous fuffifoit fi bien que nous

n'y retournâmes plus. Le tableau chan-
geant de notre auberge nous faifoit mieux
connoître les Marfeillois que n'auroit fait
l'hôtel du gouverneur, où nous n'aurions
vu que des joueurs de lanſquenet, compagnie auſſi mauvaiſe qu'uniforme , &
qu'on trouve dans tout les gouvernemens
de nos provinces. On met de la dignité
à tenir ces repaires ; je n'y vois que de
l'argent pour les valets, ſi même cela ſe
borne à eux, & de la honte pour les
maîtres.

Nous n'acceptâmes à Marfeille qu'un
dîner chez M. Guys, négociant diſtin-
gué, & qui le feroit dans les lettres, s'il
ne ſe bornoit pas à en faire ſon délaſſe-
ment. En me promenant ſur le port, je
vis un bâtiment prêt à mettre à la voile
pour Civita-Vecchia, & l'on me dit qu'il
portoit les meubles & équipages du nonce
Colonne, aujourd'hui cardinal Pamphile.
En rentrant à mon auberge, je trouvai
le fecretaire du cardinal qui venoit m'offrir de paſſer en Italie ſur ce même bâtiment où je ferois très-commodément. Il
ſavoit que j'étois fort connu du cardinal,
avec qui je m'étois ſouvent trouvé pendant ſa nonciature à Paris, chez M. le
duc de Nivernois, ſon parent. La propoſition me tenta, & je lui dis que, voulant aller paſſer quelques jours à Toulon,

je profiterois de fes offres à mon retour,
s'il pouvoir jufques là différer fon départ.
Il me le promit, & le comte de Rochefort & moi allâmes à Toulon voir l'intendant, M. Urfon, qui ne voulut jamais nous laiffer loger ailleurs que chez
lui. Pendant notre féjour, M. de Bompar, commandant de la marine, nous invita à dîner; & fur ce que je lui dis de
mon projet d'embarquement, il me con-
feilla de n'en rien faire. Si le roi, ajou-
ta-t-il, m'ordonnoit dans cette faifon d'aller à Rome, je m'y rendrois par terre. Le
vent peut vous porter par-tout ailleurs
qu'à Civita-Vecchia, peut-être en Sardaigne ou en Corfe, & vous y retenir
long-temps. Le confeil d'un homme auffi
fait à la mer que M. de Bompar me décida, & à mon retour à Marfeille, je remerciai l'abbé Porta de fes offres, &
pris la route d'Antibes. Je vis en paffant
par Fréjus, où je m'arrêtai affez pour
parcourir la ville & faire des queftions
fur le local & la fociété, que le cardinal de Fleury, qui en avoit été évêque,
avoit grande raifon de dire, qu'auffi-tôt
qu'il eut vu fa femme, il en fut dé-
goûté; auffi ne vécut-il guere avec elle.
Il y a mille paroiffes de village qui l'emportent fur la cathédrale de Fréjus, ce
qui fait du moins une préfomption fur

la pauvreté d'un pays. L'abbé de Fleury, accoutumé au féjour de la cour, où
il fut long-temps aumônier du roi, regarda Fréjus comme un exil, quoiqu'il
eût eu bien de la peine à l'obtenir. Mais
ceci n'a rien de commun avec mon voyage, & j'en parle dans l'hiftoire du regne
préfent.

Je trouvai à Antibes, dans l'auberge
où je defcendis, le marquis de Barbantanne qui alloit en qualité de miniftre de
France, réfider à Florence ; fes équipages étoient déja embarqués dans une félouque, fur laquelle il fe difpofoit à
paffer à Gênes. Les félouques s'éloignant
peu de la côte, on n'eft pas expofé, en
cas de mauvais temps, à refter à la mer
plus long-temps qu'on ne le veut ; on
peut toujours aborder & coucher à terre, au-lieu que dans un bâtiment qui a
pris le large, il faut obéir au vent. Mon
deffein étant auffi de paffer à Gênes, le
marquis de Barbantanne m'auroit donné
place dans fa félouque, s'il eût été poffible de m'y arranger ; mais elle étoit
déja fi embarraffée d'équipages, qu'à
peine pouvoit-il s'y placer lui & fes gens ;
encore étoit-il obligé de s'y renfermer
dans la caiffe de fa chaife. Je fis donc
marché avec le patron d'une autre félouque, & M. de Barbantanne & moi con-

vînmes que ne pouvant être dans la même, nous partirions du moins en même-temps, pour nous retrouver, le soir ensemble au lieu où nous aborderions. Un ouragan qui dura deux jours nous ayant retenus à Antibes, nous en partîmes le lundi matin 15 décembre, par le plus beau temps; mais à peine avions-nous dépassé Nice, le vent devint si fort & si contraire, que tout ce que nous pûmes faire fut, à force de rames, de gagner Monaco. La félouque de M. de Barbantanne, apparemment trop chargée, resta bientôt en arriere, & nous ne nous rejoignîmes qu'à Gênes où j'arrivai plusieurs jours avant lui. Le ciel étoit si pur & l'aspect de la ville de Monaco, placée sur le plateau d'un rocher, me parut si agréable, que j'y montai. Le commandant chez qui je fus conduit, me reconnut d'abord pour m'avoir vu à Paris en différentes maisons. C'étoit un chevalier de Saint-Louis. Je ne me le rappellois pas; mais je n'en témoignai rien, & répondis à ses politesses. Il voulut m'engager à passer la journée avec lui, m'offrant de me coucher au château. Sur ma réponse qu'il y avoit sur la félouque d'autres passagers qui ne seroient pas, non plus que le patron, disposés à s'arrêter, il m'offrit du moins de rester à dîner. Je m'en excusa encore, parce que le vent commençoit à tomber, & qu'on ne tarderoit pas à reprendre la mer.

Je me contentai de voir avec lui le château & la place, d'où l'on découvre la plus grande étendue de la mer & des côtes. Après avoir fait à ce commandant les remerciemens que je lui devois, je redeſcendis au port, & nous partîmes. Le vent étant devenu favorable, nous voguâmes le reſte du jour & toute la nuit. Nous arrêtâmes le matin à Noli, où nous déjeûnâmes avec d'excellent poiſſon, & nous rembarquâmes tout de ſuite. Nous avions bien fait de profiter du vent de la nuit; car il changea, devint contraire & ſi fort, que nous fûmes près de trois heures à doubler, à force de rames, la pointe d'un rocher, ſans quoi nous aurions eu à dériver très-loin. Nous gagnâmes enfin Savone vers les deux heures après-midi. Ne ſachant ſi la mer ſeroit plus praticable le lendemain, & n'étant qu'à dix lieues de Gênes, j'arrêtai des mulets pour m'y rendre par la Corniche, laiſſant mon bagage dans la félouque, & n'emportant qu'un porte-manteau. Ce qu'on appelle la Corniche eſt un chemin raboteux, haut & bas, n'ayant de largeur que pour un mulet & ſa charge, taillé ſur le flanc de la montagne, de ſorte qu'en y paſſant

on a le rocher d'un côté & le précipice
de l'autre, sans garde-fou. On n'y va
qu'au pas du mulet, & on met environ
six heures à faire les cinq lieues de Savone, par la montagne, au pied de laquelle est un lieu assez considérable &
agréablement situé au bord de la mer à
cinq lieues de Gênes, où je me rendis en
deux heures dans une calêche, par un
chemin aussi uni qu'une allée de jardin.

Voulant connoître la nature des che-
mins de l'Italie, & les différentes manieres d'y voyager, je me sus bon gré d'a-
voir fait l'essai de la Corniche, sans quoi
je ne m'en serois pas fait une idée complete. Le passage du mont Cenis, dont
les voyageurs parlent tant, est un chemin
royal en comparaison de celui-là. Il seroit facile de l'élargir; il suffiroit de couper sur le flanc du rocher, & de déblayer
du côté du précipice; on pourroit même
faire un parapet des pierres qu'on arra-
cheroit de la montagne, comme on l'a
fait en Savoie, au lieu nommé les échel-
les, *Scalæ*. Des troupes auroient bientôt fait un tel ouvrage. Mais les Génois
ne veulent pas rendre si aisés, par terre,
les accès de leur capitale. Les difficultés
de la Corniche n'ont pas empêché l'armée de Dom Philippe d'y passer.

Je n'avois pris, en partant, aucune lettre

tre de recommandation, attendu que je connoiſſois les miniſtres que nous avions en Italie, & qu'ils étoient ſuffiſans pour me préſenter dans les principales maiſons où j'aurois envie d'aller; & pluſieurs m'auroient même logé, ſi je n'avois toujours préféré, en voyage, la liberté de l'auberge ou de la chambre garnie.

Le lendemain de mon arrivée à Gênes, le 17 décembre, j'allai voir M. Boyer de Fons-colombe, notre miniſtre auprès de la république. J'en fus reçu avec toutes ſortes de marques d'amitié. J'y dînai, & il vouloit que je lui promiſſe de paſſer avec lui tout le temps de mon ſéjour à Gênes; je le vis en effet aſſez aſſiduement, & à l'exception de mes courſes dans la ville pour voir ce qu'il y a de curieux, je partageois mon temps entre lui & le marquis de Lomellini, qui, heureuſement, étoit ſorti du Dogat, ſans quoi je n'aurois pu le voir qu'avec toutes les formes de l'étiquette. Nous avions beaucoup vécu enſemble à Paris, lorſqu'il y étoit envoyé de la république. Nous nous revîmes avec cette joie que reſſentent deux compatriotes qui ſe retrouvent en pays étranger. Il n'y avoit pourtant alors que moi qui le fuſſe. C'eſt que Paris devient la patrie univerſelle de tous ceux; de quelque pays qu'ils

foient, qui y vivent en bonne compagnie. Le fouvenir qu'on en garde ailleurs,
nuit fouvent au plaifir qu'on auroit de
vivre chez foi, fi l'on n'en étoit pas forti.
La campagne feule, quand on eft affez
heureux pour en prendre le goût, dé-
dommage de notre grande capitale. Paris ou le village, pourroit être le vœu de
bien des gens raifonnables.

Le marquis de Lomellini eft un des
hommes en qui j'ai trouvé le plus d'efprit,
de belles-lettres, de fcience, de philofo-
phie, de vivacité & d'agrément dans la
converfation. Il n'y a point d'académie
en Europe dont il ne fût un des membres les plus diftingués. Il connoît parfaitement les vrais intérêts de fa république, & le grand art de fe prêter aux circonftances. Si fes confeils euffent prévalu
dans l'affaire de Corfe, Gênes s'en feroit
mieux trouvé & nous auffi. Mais les hommes fupérieurs ont fouvent le malheur
d'avoir pour confreres, dans quelques
compagnies que ce foit, des fots & des
jaloux, égaux de rang & de crédit, &
oppofés à toutes les vues qu'ils feroient
incapables d'avoir.

Parmi les curiofités de Gênes, j'en remarque une affez plaifante ; c'eft le mot
de *Libertas*, faftueufement écrit fur les
édifices publics, & même fur la prifon,

& que le peuple lit avec complaisance. C'est à-peu-près tout ce qu'il connoît de la liberté, quoiqu'il l'ait seul rendue à ses maîtres.

J'avois fort connu à Paris madame Brignolil, mere de la princesse de Monaco. C'étoit alors une des plus belles femmes, de l'air le plus noble & d'un caractere si aimable, que plusieurs femmes lui pardonnoient sa beauté. Je voulois la voir avant de quitter Gênes ; mais j'appris qu'elle étoit retirée dans une terre où elle ne recevoit que sa famille. Dès que sa beauté avoit commencé à se passer, les vapeurs l'avoient saisie, & la mélancolie y succédoit. C'est une de ces infortunées qui ne savent ni vieillir, ni remplacer la jeunesse, quoiqu'elle eût plus de moyens que d'autres d'avoir des amis qui valent bien des adorateurs.

En parlant de nos amis communs, M. de Lomellini me dit qu'il avoit écrit à d'Alembert, sur son ouvrage au sujet de l'expulsion des jésuites de France : *Vous avez oublié la loi de Solon contre les impartiaux.* Le marquis de Lomellini n'est pas ami des jésuites ; & quelque attention qu'on ait à cacher son éloignement pour eux, ils ne s'y trompent jamais : ce sont les rats qui sentent un chat de très-loin, avec cette différence que les rats jésuites

n'oublient rien pour étrangler le chat,
& y réuffiffent fouvent. M. de la Chalotais en eft un cruel exemple. M. de Lomellini a donc le plus grand intérêt à la
deftruction des jéfuites, ce qui ne peut
arriver à Gênes que par leur extinction
à Rome, attendu que les plus grandes
maifons Génoifes ont des parens chez
eux, & qu'ils font dans une grande confidération.

Si la fociété de M. de Lomellini m'eût
fait prolonger mon féjour à Gênes, la
douceur du climat n'y auroit pas contri-
bué. Il y tomba un demi-pied de neige
pendant que j'y étois. Je ne doute pas
qu'on n'y foit brûlé en été par la réver-
bération des rochers qui entourent la
ville. Comme j'afpirois à une température plus douce, je partis au bout de dix
jours. M. de Lomellini me fit promettre
de repaffer dans la belle faifon; mais les
promeffes des voyageurs dépendent fi fort
des circonftances, que je ne pus tenir la
mienne.

La veille de mon départ, j'eus fujet
de me louer de ne m'être pas embarqué
fur le vaiffeau du cardinal Pamphile. L'abbé
Porta, après avoir battu la mer pendant
plus de quinze jours, fut obligé de fe
faire mettre à terre à Gênes, & fit bien;
car le bâtiment n'aborda à Civita-Vec-

chia que deux mois après mon arrivée à Rome. L'abbé vint me trouver, & me propofa de faire route avec moi. Je fus très-content d'avoir un compagnon de voyage, qui connoiſſoit parfaitement l'Italie, où il avoit paſſé pluſieurs années.

Le lendemain, 26 décembre, je le menai chez M. Boyer, notre miniſtre, où j'étois invité à faire un déjeûné pendant qu'on placeroit nos malles & porte-manteaux dans le canot du courier, avec qui nous devions paſſer à Léricé, pour y prendre la poſte. Nous partîmes vers midi, par le plus beau foleil, mais avec un vent froid ſi contraire, que nous n'arri-vâmes qu'à la nuit à trois-lieues de Gênes, où nous entrâmes dans une félou-que, ſur laquelle nous arrivâmes à Léricé à trois heures du matin. Le directeur de la poſte de Gênes m'avoit prévenu qu'un violent orage avoit tellement dégradé le chemin de la premiere poſte en ſortant de Léricé, que ſi je voulois l'éviter, le patron de la félouque avoit ordre de me conduire à Via Reggio, au cas que je l'exigeaſſe. Il n'en fit pas la moindre dif-ficulté ; mais comme il étoit fête, il vou-lut entendre une meſſe qui ſe dit vers quatre heures. J'avois inutilement repré-ſenté que le vent étant devenu favorable, nous arriverions aſſez tôt à Via-Reggio, pour y avoir une meſſe ; le ſcrupuleux patron m'objecta le riſque de la manquer ; & quoique je n'euſſe pas la même crainte, ne voulant pas dans un tel pays montrer là-deſſus la moindre indifférence, je le ſuivis à l'égliſe, &, meſſe entendue, nous rentrâmes dans la félouque, n'ayant pour couverture qu'un ciel très-étoilé & très-ſerein, & qui n'en étoit que plus froid. Les félouques ſont ordinairement couvertes ; mais le patron avoit beſoin des étoiles par une telle nuit pour ſe guider. Je n'eus de reſſource contre le froid que de me doubler de quelques coups de vin, de me rouler dans une couverture, & de me coucher à plat en attendant qu'il plût au ſoleil de ſe lever. Nous avions déja fait une lieue lorſque le patron, qui s'étoit ſi bien ſouvenu de la fête, s'apperçut qu'il avoit oublié, à Léricé, ſon certificat de ſanté, abſolument néceſſaire ſur toute la côte de la méditerranée, & qu'il faut, par-tout où l'on veut prendre terre, préſenter, au bout d'une perche, au garde qui vient reconnoître la félouque, & voir ſi elle n'eſt pas ſortie de quelque lieu ſuſpect de contagion. Sans ce préalable, on nous eût plutôt écartés à coups de fuſils, que de nous laiſſer aborder. Nous perdîmes donc l'avantage de deux lieues, tant à retour-

ner chercher notre paſſe-port, qu'à revenir ſur notre route.

Les premiers rayons du ſoleil, ſans le
moindre nuage, nous firent grand plaiſir ; mais une heure après ſon lever, le
vent tomba, & on reprit les rames. Nous
commençâmes, mon compagnon & moi,
par déjeûner amplement pour nous ré-
chauffer. Nous étions aſſez bien munis
de vin, de pain & de viandes froides ;
ainſi nous en fîmes part au patron & aux
rameurs. Cela leur donna du zele, &
nous fit arriver avant midi à Via-Reggio,
joli village de la république de Lucques.

Le temps étoit ſi beau, qu'après un
ſecond déjeûné à l'auberge où eſt la poſte,
nous nous promenâmes juſqu'au coucher
du ſoleil. Je remarquai des maiſons aſſez
riantes, où des citoyens de Lucques viennent paſſer la belle ſaiſon, & en pluſieurs
endroits le mot de *liberté*, qui n'eſt pas
là un mot vuide de ſens. Le gouvernement doit être bon, puiſque les payſans
s'en louent, & que cette premiere claſſe
des hommes, la plus nombreuſe & la
plus utile, eſt le ſeul thermometre d'une
bonne ou d'une mauvaiſe adminiſtration.
La preuve de la vraie liberté d'un peuple, eſt ſon bien-être. Que les ſujets
d'un grand état en tirent vanité, à la
bonne-heure. C'eſt ſouvent un mulet qui,

ſous ſa charge, ſe glorifie de ſon pana-
che & de ſes ſonnettes. On ne voit, dans
la petite république de Lucques, ni mendians, ni fainéans, ni vagabonds, & ſa
population eſt, relativement à ſon étendue, la plus forte de l'Italie. On y recueille peu de bled ; mais l'induſtrie procure aux Lucquois les moyens de ſup-
pléer à ce que la nature leur a refuſé.
Diſcite reges !

La nuit nous ayant fait rentrer à l'auberge, nous y trouvâmes un bon ſouper
& des lits propres. C'eſt le ſeul endroit
de l'Italie, excepté dans les villes, & pas
en toutes, dont je puiſſe parler ainſi.

Le lendemain matin la poſte nous conduiſit à Piſe, dans une chaiſe à deux.
Les maîtres de poſtes en fourniſſent ſuivant un prix réglé ; mais ſi l'on veut toujours ſe ſervir de la poſte, il vaut mieux
avoir ſa voiture, pour éviter l'incommo-
dité de paſſer les malles d'une chaiſe ſur
l'autre, ſans compter la perte du temps.
Nous fûmes très-bien traités, bonne chere, bon vin, & chambre propre, à une
auberge près du pont de marbre, c'eſt
le principal des trois qui ſont ſur l'Arno,
& joignent deux quais aſſez ſemblables
à ceux de Paris. J'allai après-dîné voir
monſignor Cérati, chef, quant au ſpirituel, de l'ordre de Saint-Etienne. Ce pré-

lat vénérable par son âge, l'est encore
plus par son caractere, ses mœurs douces, l'étendue de ses connoiſſances en
tout genre de sciences & de littérature.
C'est un des plus aimables savans & des
plus communicatifs que j'aie rencontrés.
Quoique nous ne nous connuſſions que
de nom, il me fit les plus tendres reproches sur ce que je n'étois pas venu des-
cendre à son palais & dîner avec lui. Ce
fut avec peine qu'il se rendit aux raisons
que j'avois de partir de Pise dès le lendemain, parce que j'en avois pris l'enga-
gement avec mon compagnon de voyage
que son devoir obligeoit de se rendre à
Rome. Nous avions déja arrêté notre
voiture pour partir le jour suivant à dix
heures du matin, suivant la regle d'Italie,
qui oblige de séjourner vingt-quatre heures dans le lieu où l'on est arrivé par la
poste, si l'on ne continue pas de s'en
servir. L'embarras du déplacement des
malles, n'ayant point de voiture à nous,
nous fit arrêter celle d'un voiturin, & un
cheval pour mon domestique. Il s'enga-
geoit à nous rendre à Rome le sixieme
jour, & n'y arriva pourtant que le sep-
tieme.

Je fis une observation à Pise, sur des
orangers en pleine terre, chargés de fleurs
& de fruits, dans un jardin à la vérité

peu étendu , & entouré de bâtimens ;
mais il faifoit affez froid pour qu'il y
eut de la glace fur des flaques d'eau. J'a-
vois auffi cueilli de très-belles, bonnes
& groffes oranges dans la montagne de
Lefterelle, où il y a fouvent neige &
glace. Je fuis perfuadé qu'il y a bien des
lieux en France où des orangers expofés
au midi & à l'abri du nord, viendroient
en pleine terre, particuliérement près de
la mer, où le froid n'eft pas fi vif que
dans les provinces méditerranées.

Après avoir parcouru les quais & les
plus beaux quartiers de la ville, jufques
au coucher du foleil, nous allâmes à l'o-
péra, où j'eus quelques inftants de plaifir
& beaucoup d'ennui. Sans entrer dans la
difpute fur la préférence de la mufique
françoife ou italienne, qui a occafionné
tant de bavardages & d'écrits bons ou
mauvais, je dirai pour mon goût que les
opéras bouffons m'ont fait fouvent plaifir,
que les grands opéras m'ont, à quelques
morceaux près, excédé d'ennui, & qu'à
tout prendre, l'enfemble des nôtres eft
fort au-deffus de ceux d'Italie. Leurs autres fpectacles ne méritent pas qu'on en
parle.

Nous prîmes notre route par la Scala,
Stagio, Sienne, Sanquirino, Radicofani,
derniere place de la Tofcane ; Aquapen-

dente, premiere de l'état du Pape ; Montefiafcone, Viterbe, Ronciglione, Monterofi, la Storta, & arrivâmes à Rome le 4 janvier 1767, vers trois heures après-midi. Je confeille à tout voyageur de ne s'arrêter, fur-tout pour coucher, nulle part, hors dans les villes qui en méritent le nom. Tout eft ailleurs d'une mal-propreté dégoûtante. On ne pourroit, par exemple, fe figurer un bouge, tel que l'auberge de Stagio, qui voudroit pourtant avoir un air de ville : on prend là une idée des auberges de la route de Rome à Naples. On eft encore plus frappé du contrafte quand on a voyagé en Angleterre, où j'ai trouvé dans des auberges de village une propreté qu'on ne verroit pas toujours dans les hôtels garnis de Paris.

Le vin eft bon dans toute la Tofcane, & dans plufieurs endroits tient plus ou moins du mufcat. Le *mufcatello* de Montefiafcone eft célebre, & les aubergiftes écrivent volontiers fur leur enfeigne le triple mot, *eft*, *eft*, *eft*, pour attefter la bonté de leur vin, en rappellant la mémoire du prélat allemand Jean de Fueris, qui en but tant qu'il en mourut. Tous les voyageurs en ont parlé.

Ce qui eft plus intéreffant que la mort de Jean de Fueris, c'eft la culture de la

Tofcane, qui m'a paru bien cultivée par-
tout où elle eſt cultivable ; car, n'en dé-
plaiſe aux enthouſiaſtes, cette délicieuſe
Italie offre, dans une grande étendue de
pays, l'image de la nature bouleverſée
par les tremblemens de terre & les volcans. Ceux qui n'y ont pas voyagé con-
cevront aiſément que l'Apennin, qui la
partage dans toute ſa longueur, depuis
les Alpes juſqu'aux extrêmités du royaume de Naples, doit couvrir de roches
entaſſées un eſpace prodigieux de pays
néceſſairement inculte. Cette chaîne de
montagnes a auſſi l'avantage de fournir
quantité de ruiſſeaux & de rivieres qui
fertiliſent les plaines, & l'inconvénient
des torrens qui en ravagent beaucoup.
Les plateaux de Florence, Piſe, Sienne,
Bologne & autres, ſont de la plus forte
végétation & de la plus belle culture. Je
parlerai de la Terra-Felice, à l'article de
Naples.

Avant de quitter la Toſcane, je dois
dire que j'y ai vu le payſan par-tout vêtu
de drap, bien logé & nulle part des ſa-
bots. C'eſt, je le répete, ſur l'état du
payſan que je juge du gouvernement,
que je n'ai ni le temps ni le moyen de
connoître.

Nous eûmes le bonheur de n'être ar-
rêtés dans notre chemin par aucun tor-

rent; nous les trouvâmes tous à fec; mais
nous éprouvions un froid très-vif dans
notre voiture italienne, efpece de cabriolet fermé par des fimples rideaux fur le
devant. Le ciel étant très-net, nous met-
tions fouvent pied à terre pour nous ré-
chauffer en marchant, fur-tout aux montagnes où les chevaux ne pouvoient monter ni defcendre plus vîte que nous. Cette
reffource nous manqua le quatrieme jour.
Le temps fe couvrit, & il tomba une fi
grande quantité de neige, que nous ne
ceffâmes de la traverfer depuis Aquapendente, qu'en approchant de Monterofé,
pendant dix à douze lieues.

Jufques-là, je ne m'étois pas apperçu
de la moindre différence entre l'hyver de
France & celui d'Italie; mais paffé Monterofé, je commençai à la fentir, & ce
n'étoit point par le relâchement du temps,
ce qui arrive par-tout, à Stockholm comme à Paris. J'ai foigneufement obfervé
la température de Rome & de Naples
pendant l'hyver; & comme celle d'une
feule année ne peut pas fervir de regle,
voici quelque chofe de plus précis; ce
font les obfervations météorologiques,
faites par les peres Jaquier & le Sueur,
minimes François, & les meilleurs phy-
ficiens qu'il y ait en Italie.

OBSERVATIONS

DE ONZE ANNÉES CONSÉCUTIVES,

Dont on a formé une année commune.

L A quantité de pluie qui tombe à Rome eft de trente pouces & demi. A Paris il eft rare qu'elle aille à vingt. Des onze années ob'ervées à Rome, il y en eu deux à 43 pouces, & deux à 26. A Paris, il y en a eu en 60 ans, une feule à 25, qui fut en 1711, année de la plus grande inondation connue, & plufieurs dèpuis 7 pouces jufques à 9, 10, 11, 12, 13, 14 & 15. L'année 1723, fut de 7 pouces 8 lignes. (*Voyez les Mémoires de l'Académie des Sciences*).

Il y a encore cette différence entre Paris & Rome, que les plus grandes pluies de Paris font ordinairement de la mi-mai à la mi-août, & à Rome de la fin d'août au commencement de décembre. On peut obferver auffi, que fi les mois pluvieux ne font pas les mêmes dans ces deux villes, il pleut dans l'une & dans l'autre, autant ou plus dans les trois mois pluvieux que dans les neuf autres.

A l'égard des observations du thermometre de Réaumur, pendant les mêmes
années, la liqueur monte pendant l'été,
affez communément, à trente degrés &
demi; s'y foutient huit à dix jours, &
baiffe enfuite pour y remonter bientôt.
La liqueur à Paris n'a, depuis le fiecle,
monté qu'une feule fois, en 1753, à
trente & un quart, ce qui ne dura que
quelques heures. Dans les hyvers de
Rome, par un temps ferein & la nuit,
la liqueur a quelquefois baiffé jufqu'à
douze degré, terme affez ordinaire des
hyvers de Paris, où celui de 1709 n'a
été qu'à quinze degrés & demi. Mais
nos jours de grand froid fe foutiennent
auffi long-temps que ceux du grand chaud
à Rome; au-lieu que dans les jours les
plus froids de cette ville, il n'exifte point
de glace à midi, & qu'on y jouit alors
d'une température de printemps. L'hyver eft la belle faifon de Rome.

Tous les voyageurs parlent de leur
furprife, & même de leur admiration en
entrant dans Rome par la porte du peuple. La place devroit être du moins ornée
de bâtimens d'une architecture noble &
uniforme dans le goût de notre place
Vendôme, au-lieu qu'elle n'eft entourée
que de maifons baffes, inégales, & dont
la plupart font des écuries ou des gre-

niers à foin. Les trois rues en pate-d'oie qui viennent aboutir à la place, & dont l'obélifque du milieu fait le fommet des angles qu'elles forment, n'ont pas affez de largeur. Celle du milieu, qu'on nomme le cours, devroit fur-tout en avoir davantage, relativement à fa longueur & à fa deftination. C'eft où l'on fe promene en carroffe, où fe font les courfes de chevaux & les entrées publiques. Les palais, dont elle eft ornée par intervalles, ont leurs beautés intérieures; mais cette longue fuite de fenêtres grillées y donnent un air de prifon. Le palais de France eft celui dont la façade m'a paru la plus noble. On le nomme communément l'académie, & le roi y entretient toujours douze ou quinze éleves qui, pendant trois ans, étudient à Rome ce qu'elle renferme de plus beau en peinture, fculpture & architecture.

Auffi-tôt que nous entrâmes dans Rome, un commis ou un garde arrêta notre voiture, pour nous conduire à la douane & y faire vifiter nos malles. Ne s'y trouvant rien de fujet aux droits, l'attention des vifiteurs fe porta fur mes livres pour les faire examiner le lendemain par celui qui eft chargé de cette fonction. Ce n'étoit que des ouvrages relatifs à l'Italie, où je prenois d'avance les notions de ce que j'allois voir ; auffi les envoyai-je réclamer le jour fuivant, & ils me furent rendus. J'étois affez prévenu de cette vifite pour n'avoir pas mis avec ces livres le voyage de Miffon qu'on auroit confifqué, comme étant à l'index. Le cardinal Piccolomini, avec qui je vécus affez familiérement, m'ayant offert de me procurer une permiffion du Pape., d'avoir & de lire des livres prohibés, je lui dis qu'il me faudroit d'abord une abfolution de ceux que j'avois lus, & que ce feroit trop de grace à la fois. Il fe mit à rire, & il ne fut plus parlé de permiffion. Il favoit d'ailleurs que j'étois un aureur à l'index, pour un ouvrage où je n'ai pas trop ménagé la cour de Rome, ni fon grand oncle Pie II, Ænéas Silvius Piccolimini.

A propos des douanes, on paffe fous tant de dominations différentes en parcourant l'Italie, que ces vifites font une des incommodités du voyage. On fe les épargne quelquefois avec de l'argent ; mais que les commis vifitent ou non, il faut toujours les payer. Un autre embarras vient de la diverfité des monnoies. Il eft vrai que l'or en louis, guinées ou fequins, a cours par-tout avec plus ou moins de valeur. Le fequin romain, par exemple, qui vaut vingt paoles & demi à Rome, n'eſt reçu que pour dix-neuf & demi en Toſcane. La paole vaut un peu plus de dix ſols & demi de France, & le louis quarante-quatre ou quarante-cinq paoles.

On ne voit guere à Rome d'or ou d'argent dans le commerce; tout ſe paie en papier-monnoie; de ſorte que l'argent & le billon, ne ſervent que pour des *appoints*. Les banquiers ne paient qu'en papier les neuf dixiemes à-peu-près des lettres-de-change qu'on leur préſente , & quelque confiance que le gouvernement puiſſe donner au papier, j'ai toujours vu les marchands préférer les eſpeces.

Les pays catholiques ayant communément des ſommes à payer à Rome, pour des bulles de diſpenſes, &c. le change eſt de 4, 5 & 6 pour cent à l'avantage de cette ville. Il n'en étoit pas ainſi en 1766. La France avoit fourni tant de bled à Rome dans des années de diſette en Italie, que Rome devoit à la France , & je fus payé au pair. Je m'étois muni de trois mille livres en or, en partant de France, & M. de la Borde, banquier de la cour, m'avoit donné pour 12,000 livres de lettres de crédit ſur Gênes, Rome , Naples & Veniſe.

A propos de l'argent que les états catholiques font paſſer à Rome, on croit communément que la France y porte des fommes immenfes. Quelques modiques qu'elles fuffent, ce feroit peut-être toujours trop. Mais, fans entrer dans cette queftion ; j'ai voulu en connoître le vrai. Voici le relevé de cinq années, pris fur les regiftres mêmes de la daterie, de l'argent payé par la France, pour bulles & difpenfes de toute efpece, en y comprenant jufqu'aux frais des banquiers expéditionnaires de Rome.

Années.	Argent de France.		
1764.	457647 l.	3 f.	7 d.
1765.	318431 l.	19 f.	9 d.
1766.	426147 l.	16 f.	7 d.
1767.	334740 l.	8 f.	9 d.
1768.	342939 l.	9 f.	4 d.

Les propines du protecteur ont été pour les deux années 1767 & 1768, en tout de 34029 l. 6. f. 9 d.

Les fommes payées à la daterie feroient plus fortes, fi l'on payoit fuivant la fixation du concordat ; mais on y fait prefque toujours une diminution d'environ un tiers.

Au fortir de la douane, je me fis conduire près de la place d'Efpagne, où j'eus un logement affez honnête, à quatre fequins par mois. Le carroffe me coûtoit quatorze à quinze paoles par jour, & cinq p**re**repas quand je mangeois chez moi. Tout auroit été plus cher, fi le carnaval eût eu lieu cette année à Rome, où il eft plus brillant qu'en aucune ville d'Italie. Le pape affligé de la difette, l'avoit défendu par une dévotion très-contraire à la politique, car il priva Rome de plus de deux millions que les étrangers y auroient dépenfés.

Dans quelque lieu qu'on aille, on fait que tout eft cher pour les étrangers; mais la vie ne l'eft pas à Rome pour quelqu'un d'établi. On y brûle peu de bois; beaucoup de chambres n'ont point de cheminée, plus par économie que faute de befoin. J'écrivis à ce fujet à un grand feigneur de France, que la plus forte preuve que j'avois trouvée de la douceur du climat, étoit de n'avoir guere de feu, & que je ne doutois point qu'on ne me prouvât la douceur des mœurs par l'impunité des crimes. Je parlerai ailleurs du prix des denrées, & de la valeur des monnoies. ✱

Le lendemain de mon arrivée à Rome, j'allai voir notre ambaffadeur, M. d'Aubeterre, dont j'eus dès ce moment, & pendant tout mon féjour, les plus grands fujets de me louer. Il a rempli avec diftinction les trois premieres ambaſſades, Rome, Vienne & Madrid. Je vis le même jour l'abbé de Veri, notre auditeur de Rote, homme d'eſprit & de mœurs douces, & le bailli de Breteuil, ambaſſadeur de Malthe, un des hommes les plus aimables. Ma liaiſon avec eux trois fut bientôt au point que je pouvois me regarder chez eux comme chez moi. Ce ſont ſans contredit les meilleures maiſons, & à-peu-près les ſeules de Rome. Je ne ſache, de tout le ſacré college, que le cardinal d'Yorck, qui ait une table de ſept à huit couverts. Preſque tous les cardinaux ou princes romains, donnent pour la leur, où ils ſe trouvent ſeuls, une ſomme modique à un ſoi-diſant maître-d'hôtel. Leur dépenſe eſt en équipages & livrées, ou décoration de leur palais. On ſait qu'à Rome le ſeul repas eſt le dîné; le ſoir dans les aſſemblées, qu'on nomme converſations, on joue, on cauſe, on prend des glaces.

Je fus préſenté dans les principales maiſons, chez la ducheſſe de Bracciano, la princeſſe Altieri, &c. Je connus encore la plupart des perſonnes diſtinguées chez M. d'Aubeterre & chez l'abbé Veri, qui, tous les mercredi, avoit un concours ou l'aſſemblée étoit d'autant plus nombreuſe, que le pape, non content d'avoir défendu les ſpectacles publics, avoit encore, par un édit très-libellé, interdit tous les divertissemens particuliers. *Monsignor* de Veri, quoique très-décent dans toute sa conduite, & attaché par sa place à la cour de Rome, se regardoit cependant en sa qualité d'auditeur pour la France, comme assez indépendant du pape, pour ne se pas croire obligé d'obéir à l'interdit. On ne regarde à Rome que les cardinaux de supérieurs aux auditeurs de Rote ; aussi appelle-t-on quelquefois ceux-ci les éminences noires. Ils sont sans contredit à la tête de la prélature, des *monsignori*. Notez que le *monsignor* ne répond point à notre *monseigneur* en françois ; *signior mio* le rendroit mieux. Il en est ainsi des *lords* en Angleterre. Lorsque le roi leur adresse la parole au parlement, il n'entend certainement pas dire qu'ils soient ses supérieurs ; mais ses premiers sujets. Si le nom de *pair* étoit de style pour cette dignité en France, comme celui de *lord* pour la dignité angloise, en concluroit-on que le roi, en disant *mes pairs*, diroit *mes égaux* ? ou qu'un particulier obscur, en donnant ce titre à un pair, le traiteroit d'égal ? Les mots n'ont que la valeur fixée par l'usage ; *monsieur* n'est qu'une abréviation de *monseigneur*, & a cependant une accepcion très-dif-

férente. Il y a plus de cent *monsignori*
à Rome; mais tous ne sont pas de même
étoffe. La plupart se trouveroient honorés de l'épiscopat, & quelques-uns le
dédaigneroient, parce qu'ils prétendent
au chapeau, & que les cardinaux ne sont
à Rome aucune comparaison du violet
au rouge. Les prélats ne sont extérieu-
rement distingués des autres ecclésiasti-
ques, que par des bas violets. Nul évêque ne porte à Rome de croix; il n'y a
que le pape seul qui en ait une.

L'abbé de Véri ne suspendit son concert que pendant la semaine sainte, &
le concours y fut aussi fort dans le carême que dans le carnaval. On y présen-
toit des glaces & autres rafraîchissemens
à l'assemblée composée d'hommes & de
femmes, tous de gens de marque ou
très-connus, tant Italiens qu'étrangers.
Le sénateur de Rome, l'aîné des neveux
du pape, y venoit souvent. J'y ai vu aussi
le cardinal Pamphile. Je remarquai parmi
les étrangers les petits-fils du célebre général Munich, deux jeunes gens, l'un
de dix-sept & l'autre de dix-huit ans,
très-polis, & de la meilleure grace. Je
causai avec eux, & fus d'abord étonné
de trouver de jeunes Russes aussi instruits
qu'ils l'étoient; parlant facilement l'italien & le françois, & montrant en tout

beaucoup de juſteſſe d'eſprit. Mon étonnement ceſſa lorſque j'appris que, nés en Sibérie pendant l'exil de leur famille, ils y avoient été élevés & formés par un pere & un aïeul, inſtruits eux-mêmes par le malheur, ſi propres à réformer les grands. Le général Munich étoit un de ces hommes qui ont éprouvé dans leur vie les faveurs, les diſgraces & tous les caprices de la fortune. Il a fini ſa carriere au milieu des honneurs, dont il avoit ſi bien connu l'inſtabilité. Sur ce que j'ai vu des jeunes Munich, qui ont du bien ailleurs qu'en Ruſſie, je doute qu'ils y fixent leur fortune. Les voyages, en faiſant connoître d'autres gouvernémens que le deſpotiſme, ne lui ſont pas favorables. On peut lui appliquer ce que Sancho dit de l'état de chevalier errant, qu'on y eſt toujours à la veille d'être empereur, ou roué de coups de bâton.

Ayant eu occaſion d'être connu de pluſieurs cardinaux, dans les maiſons où j'avois été préſenté, je reçus un jour la viſite d'un moine, chef d'ordre, qui me dit que ces éminences avoient envie de faire avec moi une connoiſſance plus particuliere, & qu'il ſeroit flatté de m'y conduire. Je répondis avec politeſſe pour le moine, & reſpect pour leurs éminences, que je me ſentois très-honoré de leurs bontés;

bontés ; mais que je n'en pourrois profiter qu'à mon retour de Naples, où j'étois prêt d'aller, pour voir un carnaval d'Italie, puisqu'il n'y en avoit point cette année à Rome. Je prenois ainsi le temps de m'informer d'avance à M. d'Aubeterre, de ceux qu'il me seroit le plus agréable de connoître. J'avois déja eu dès le lendemain de mon arrivée une autre visite, celle du pere Forestier, premier assistant du général des jésuites. Nous ne nous connoissions que de réputation, & notre réputation n'étoit pas la même. Il savoit que j'étois des amis de M. de la Chalotais ; il étoit fort éloigné d'en être. Mais il est Breton, ainsi que moi, & le *cara patria* fut le texte de notre premier entretien. Il étoit accompagné d'un jésuite Italien que je voulus faire approcher du feu, au-dessous de lui & au-dessus de moi. Laissez, laissez, me dit-il, le pere où il est, il est bien. Nota, que c'étoit dans un coin de la chambre. Je compris que ce n'étoit qu'un valet - de - chambre de robe-longue ; je n'insistai pas, & me conformai à l'étiquette de la société.

Le P. Forestier est le plus délié jésuite que j'aie connu. Sa physionomie est pleine d'esprit, & ne trompe point à cet égard. Il est à Rome le principal ressort de toutes les affaires de son ordre, & de plus eſt à la tête du college romain. Après les aſſurances du plaiſir de me connoître perſonnellement, il me confia tout ce qu'il ne doutoit point que je ne fuſſe déja, où que je ſaurois bientôt. Il me dit qu'il arrivoit de Londres, où il étoit allé pour des arrangemens relatifs aux dettes de ſa ſociété. Elle auroit mieux fait de prévenir le procès, que de chercher des moyens tardifs de remédier au mal.

Pour moi, qui n'ai jamais eu à m'en louer ni à m'en plaindre, & qui n'en ſuis point éleve, je ne voulus ni flatter un de ſes repréſentans ni lui déplaire. Ainſi, laiſſant à l'écart la queſtion ſur l'expulſion des jéſuites de France, que je trouve raiſonnable pourvu qu'on ne s'en tienne pas là, je convins avec lui, & je le penſe, qu'on avoit traité les particuliers avec trop de dureté. Le bon pere me prévint que depuis la proſcription de ſa ſociété en France, il ne voyoit plus notre ambaſſadeur. Je n'en doutois point, & je lui répondis que cela ne m'empêcheroit point d'aller le voir. Nous nous vîmes en effet pluſieurs fois chez moi & au college romain. Il m'en détailla le plan d'études auſſi bon que dans tout autre college, & qu'il faudroit réformer partout; mais les mauvaiſes routines continuent de ſubſiſter long-temps après qu'on a reconnu l'abus & qu'on fe propofe de les corriger. Tant a de puiffance la force d'inertie.

Pour finir ce qui concerne le P. Foreftier, j'ajouterai qu'à mon retour de Naples, il vint me voir le matin du famedi de la Paffion, & me dit qu'ayant appris que je partois après les fêtes de Pâques, & lui entrant en retraite ce jour même famedi, il avoit voulu me dire adieu. Nous paffâmes une heure enfemble, & nous nous féparâmes fort contens l'un de l'autre.

Le lundi faint, 13 avril, le courier d'Efpagne apporta la nouvelle de ce qui venoit de s'y paffer à l'égard des jéfuites. Cet événement caufa, je crois, beaucoup de diftraction à ceux de Rome dans leur retraite, s'il ne fit pas même l'unique fujet de leurs méditations. Le pape affembla auffi-tôt fon confeil : & fur ce qu'on dit que le roi d'Efpagne avoit fait embarquer tous les profcrits, avec ordre de les tranfporter à Civita-Vecchia, il fut réfolu de ne les pas laiffer aborder, & en cas de réfiftance de la part des Efpagnols, d'écarter leurs vaiffeaux, à coups de canon. Cette réfolution fut prife dans l'inftant ; car dès le mardi M. d'Aubeterre en fut inftruit, & me le confia.

Les jéfuites, très-chérs à la cour de

Rome , font pour le pape ce que les troupes de la maifon du roi font en France. Mais dans cette occafion , l'inclination céda à la politique, & le cardinal-miniftre Torregiani, tout protecteur déclaré qu'il eft de la fociété, fe vantoit du parti pris, & fur-tout des canons préparés contre la defcente, comme d'un acte d'homme d'état & de guerre.

Il eft vrai que le pape, déja chargé de la fubfiftance de quinze cents jéfuites portugais, n'auroit pu fournir à la colonie efpagnole trois fois plus nombreufe. On fait ce qui eft arrivé depuis.

Les jéfuites d'Italie n'ont point recueilli dans leurs couvens leurs freres Portugais. Difperfés dans des maifons particulieres que le pape a louées pour eux, ils n'ont point d'office commun. J'en voyois fouvent dans les rues par pelotons, haves, triftes & défœuvrés. Quelques-uns font employés dans des hôpitaux ou des chapelles domeftiques.

A mon retour en France, beaucoup de gens me demanderent quel effet avoit produit fur les habitans de Rome la profcription des jéfuites en Efpagne. Je leur ai dit la vérité en répondant : plus fort qu'à Paris. Les jéfuites ont en effet pártout des amis fanatiques, des ennemis forcenés, & la claffe des indifférens ne

leur eſt pas trop favorable. Ces derniers,
déſirant l'anéantiſſement des ordres réguliers, & peut-être plus, ſe flattent de la
deſtruction du corps en voyant tomber
la tête. Il y a encore, à l'égard des jé-
ſuïtes, une différence bien ſenſible entre
Rome & Paris. Etablis à la cour de France
où ils ont régné long-temps, & où ils
pouvoient reprendre leur ancien empire,
ils n'avoient point de rivaux parmi les réguliers, & ſe voyoient des cliens & des
protégés dans des claſſes très-élevées. Leur
diſgrace n'a donc pas dû avoir à Paris
une approbation bien marquée.

Le parlement, auteur ou inſtrument
de leur ruine, en a hautement triomphé.
L'univerſité qui recueille leurs dépouil-
les, le corps des gens de lettres, quoique la plupart de leurs éleves, mais que
la ſociété, ne pouvant les aſſervir, avoit
décriés & cherchoit à rendre ſuſpects ſur
la religion, ont applaudi. Tous les jan-
ſéniſtes de dogmes ou de parti, ceux-ci
très-nombreux, & les autres aſſez rares,
ont fait éclater leur joie, ſans faire attention que, ne tirant leur exiſtence que du
combat contre leurs ennemis, ils vont
tomber dans l'oubli. Le peuple, proprement dit, n'a pris aucun intérêt à cet
événement.

D'autre part, preſque tout le corps

épiscopal a pris parti pour les jéfuites, peut-être dans la crainte du retour, car il a fouvent fléchi fous eux : peut-être auffi par humeur contre le gouvernement, qu'il foupçonne de vouloir aller plus loin.

Les ordres réguliers ont fans doute été charmés de l'expulfion des jéfuites ; mais ils ont eu la décence de renfermer leur joie, qui d'ailleurs eft tempérée par la crainte qu'ils ont pour eux-mêmes. A l'égard des provinces, fi les opérations du parlement n'avoient pas été confirmées par un édit prefque arraché au roi, je doute fort que les autres parlemens, excepté celui dé Rouen, euffent fuivi l'exemple de Paris. Je ne crains pas d'affurer, & j'ai vu les chofes d'affez près, que les jéfuites avoient & ont encore fans comparaifon plus de partifans que d'adverfaires. La Chalotais & Monclar ont feuls donné l'impulfion à leurs compagnies. Il a fallu faire jouer bien des refforts dans les autres. Généralement parlant, les provinces regrettent les jéfuites, & ils y reparaîtroient avec acclamation par des raifons que je développe dans un ouvrage particulier.

Il n'en a pas été à Rome comme à Paris. De quelque confidération qu'y jouiffent les jéfuites, elle eft partagée ; ils y ont de forts concurrens, Les dominicains, les francifcains fous des formes variées, tant d'ordres différens forment un peuple, dont on pourroit dire comme Saint Jean, *magnam turban quam numerare nemo poterat.* Toutes ces tribus monacales ont leurs amis & leurs dévots chez les grands & parmi le peuple. Je n'ai vu à Rome que le clergé féculier dans l'abjection, les paroiffes défertes & la foule dans les couvens. Tous les moines, fur-tout les dominicains & les francifcains, qui ont fourni plufieurs papes, ce qui n'eft pas encore arrivé aux jéfuites, quoiqu'ils aient eu des cardinaux, regardent la fociété comme une colonie étrangere qui eft venue mettre la faulx dans leur moiffon. Ils font jaloux de la faveur dont ces hommes nouveaux jouiffent à la cour de Rome, & ne les craignent pas affez pour contraindre & diffimuler leurs fentimens. Auffi ont-ils fait éclater, à la nouvelle de la difgrace des jéfuites en France & en Efpagne, une joie qui alloit jufqu'au fcandale. J'en ai été témoin, & je pris la liberté de dire à des moines qu'ils étoient bien aveugles, s'ils ne voyoient pas le nuage s'étendre & s'épaiffir fur eux tous. Le premier coup de tonnerre eft tombé fur la fociété, arbre dont la tige perçoit la nue, mais

que de moines doivent penfer que, fi
l'on coupe les chênes avec la coignée,
on fauche l'herbe!

On peut s'étonner que les jéfuites,
ayant eu des cardinaux, n'aient jamais eu
de papes. J'en crois voir deux raifons.
La premiere vient du college des cardinaux, qui aiment mieux être protecteurs
de la fociété, que de fe hafarder à n'en
devenir que les protégés, & de n'être
plus recrutés que par des jéfuites fous un
pape qui l'auroit été & le feroit encore
dans le cœur. On peut m'objecter que
cette prévoyance des cardinaux ne fuffiroit pas pour exclure du pontificat un
cardinal jéfuite, fi la fociété étoit bien dé-
terminée à l'y placer. Elle étoit, avant
fon expulfion d'Efpagne & de Portugal,
affez puiffante en richeffes, pour acheter
les voix des cardinaux qui ne font pas
encore affez en crédit pour prétendre à
la tiare. Ma réponfe à cette objection
eft ma feconde raifon contre l'élévation
d'un jéfuite. Je fuis perfuadé que la fociété elle-même ne le voudroit pas. Perfonne ne connoît mieux qu'elle le fecret
de fon régime; & ce fecret n'eft pas
ignoré de tout le monde. Le pape n'eft
pas l'objet principal, le point central de
l'affection des jéfuites. Il n'eft, comme
les autres princes catholiques, auxquels ils

paroiſſent le plus attachés, que l'inſtrument, le moyen de gouverner ſous un
voile l'égliſe & les états, ou d'influer dans
le gouvernement, quand ils ne peuvent
totalement s'en emparer. La ſociété, en
portant un jéſuite ſur le trône pontifical,
ne ſerviroit que l'ambition d'un ſeul, &
peut-être par-là y ſacrifieroit le corps. Il
ſeroit à craindre que le pontife ne ceſſât
d'être jéſuite, ne voulût régner ſeul, &
pour n'être jamais contrarié ni gêné par
ſes anciens confreres, ne les détruiſit. Si
l'Aga des janiſſaires, après avoir préçipité
un ſultan du trône, parvenoit à s'y placer, il pourroit bien caſſer la milice qui
l'auroit élevé. Cromwell anéantit le parlement dont il s'étoit ſi utilement ſervi,
& Pierre premier abaiſſa le clergé à qui
ſon aïeul devoit la couronne. Il pourra
bien être queſtion des jéſuites ſous le pro-
chain pontificat, & ils ſont dans une poſition critique. Il y a déja du temps qu'ils
voient décroître une branche de leur crédit à Rome, par l'établiſſement des *éco-
les pies*, qui leur diſputent avec avantage
l'éducation de la jeuneſſe.

Dès mon arrivée à Rome, je ſuivis le
plan que je m'étois fait, c'eſt-à-dire, que
je ſortois le matin en frac pour me promener dans les ruines. Les débris des
monumens qui, dans cet état de deſtruc-

tion, font encore les témoins de la grandeur romaine, jettent l'ame dans une forte de mélancolie qui n'eft pas la trifteffe; font naître des réflexions fur le fort des empires; ramenent l'homme à lui-même, & l'avertiffent de jouir. A chaque pas Tite-Live, Sallufte, Tacite, Horace, revenoient à ma mémoire. Je repaffois mes auteurs fans livres. Tout me rappelloit les faits que j'avois lus. Les ruines immenfes de palais d'empereurs, de monumens élevés fous des regnes affez courts, me prouvoient combien il doit fe trouver de malheureux dans un grand état, pour fournir à la magnificence des princes & au luxe de leur capitale.

Deux ou trois courfes avec un *Cicéroné*, me firent connoître que ces indicateurs font d'un foible fecours pour un homme un peu inftruit. La plupart ne font guere fupérieurs aux valets de nos hôtels garnis, qui promenent à Paris les étrangers. Tout eft, à leurs yeux, d'une égale importance; & pour quelques endroits dignes de curiofité qu'ils vous indiquent, ils vous fatiguent de cent autres qui ne méritent pas la moindre attention, ni chez vous, ni ailleurs. Je m'en rapportai bientôt à moi-même. Une vifite que je fis à l'accadémie de France me fut affez utile. Après avoir commencé

par le directeur, j'allai tout de suite voir
dans leurs chambres, tous les éleves qui
font logés dans le même palais. Senfibles
à cette politeffe, ces jeunes gens s'em-
preffent de vous prévenir de ce qu'il y a
de curieux, & de vous y accompagner.
J'ufai quelquefois de leurs offres ; mais
je n'en abufai pas ; & avec leurs inftruc-
tions mon cocher fuffifoit pour m'y conduire. D'ailleurs, les étrangers connus,
françois, anglais & autres font bientôc
affez liés pour aller enfemble fatisfaire
leur curiofité. Ceux qui ont déja parcouru Rome & les environs veulent revoir, & fe font un plaifir d'inftruire les
nouveaux arrivés. J'ai rendu plufieurs fois
à cet égard le même fervice que j'avois
reçu d'abord.

Le temps fut très-favorable à mes courfes du matin, pendant le mois de janvier ;
le ciel fut prefque toujours fans le moindre nuage. Les premieres heures de la
matinée étoient cependant affez froides
pour qu'en fortant je viffe de la glace ;
mais vers midi il n'en exiftoit plus, &
l'on éprouvoit au foleil une chaleur affez
vive. C'eft pourquoi voulant monter dans
la boule du dôme de Saint-Pierre, nous
y allâmes au nombre de douze avant neuf
heures. Comme elle eft de bronze, je
fuis perfuadé qu'étant échauffée par le

foleil à midi, même en hyver, la place
ne feroit pas tenable, & qu'on s'y trouveroit dans une tourtiere. Des voyageurs
prétendent y être entrés au nombre de
vingt-deux : j'en doute, à moins qu'ils
n'y fuffent entaffés comme dans un bû-
cher, ou que la moitié de la compagnie
ne fût montée fur les barres de fer qui la
traverfent en croix. Au furplus, on peut
aifément & fans aller à Rome, eftimer
ce que peut contenir d'hommes qui veulent refpirer, un globe de huit pieds de
diamêtre..

Puifque je fuis dans Saint-Pierre, dont
la defcription fe peut lire dans beaucoup de voyageurs, que je ne veux ni
copier ni répéter, je me contente d'y
renvoyer ; je me bornerai à une réflexion,
fur la différence du caractere des papes
à celui des autres fouverains. Chez nous,
par exemple, un roi bâtit un palais ; fon
fucceffeur n'en eft pas content, & en
conftruit un autre qu'un troifieme prince
abandonne encore. Si le changement ne
fe faifoit que par le développement du
génie d'un fiecle & le perfectionnement
des arts, à la bonne heure ; mais c'eft
fouvent par pure inconftance, & le peuple en paie toujours les frais. Nous
avons vu dépenfer en bâtimens autant &
plus que Louis XIV, & qu'a-t-on fait?

Il n'en a pas été ainſi à Rome. S'eſt-
on propoſé la conſtruction d'un édifice,
le plan en eſt médité, digéré & arrêté,
les changemens qui s'y peuvent faire enſuite, ne tendent qu'à le perfectionner,
ſans détruire. Un pape commence & ſes
ſucceſſeurs continuent. L'égliſe de Saint-
Pierre eſt l'ouvrage de trente papes. C'eſt
auſſi le plus grand & le plus beau qu'il
y ait peut-être jamais eu ; car je doute
fort que l'antiquité ait rien produit d'égal.
L'idée que m'en avoient donnée les relations, ne fut point affoiblie par la réali-
té. Je ne ſuis guere admirateur ſur pa-
roles ; j'ai eu tant de fois à rabatre des
exclamations des voyageurs, qu'elles me
ſont toujours ſuſpectes.

A l'égard de Saint-Piere, le premier
ſentiment que la place, la colonnade,
l'obéliſque, les deux gerbes d'eau & le
temple excitent dans l'ame, eſt celui de
l'admiration que l'examen ne détruit
point. Il n'y a rien encore, dans quelque état que ce ſoit, à oppoſer aux magnifiques fontaines qu'on voit à Rome,
dans les places & les carrefours, ni à
l'abondance des eaux qui ne ceſſent jamais de couler ; magnificence d'autant
plus louable que l'utilité publique y eſt
jointe. Ces ouvrages prouvent que les
papes qui en ſont les auteurs, ont eu

d'auffi grandes idées dans un état borné,
que les Romains dans la fplendeur de
leur empire. Les fontaines font fi multipliées dans Rome, qu'il n'y a point de
particulier qui ne foit près de quelqu'u-
ne, & beaucoup en ont dans leurs maifons : tandis que dans Paris, où chacun eft
confumé par le luxe , on eft réduit à
puifer l'eau dans une riviere qui eft l'é-
gout général de la ville, & qu'il y a des
quartiers qui en font à une demi-lieue.
L'eau eft communément mauvaife dans
la plupart des autres lieux de l'Italie.

Les travaux pour la décoration de la
ville & l'avantage des citoyens, entre-
pris par les papes, ont été fuivis avec
perfévérance , & fans cette précipitation
de la plupart des fouverains qui , con-
centrant tout l'état en eux feuls, furchar-
gent leurs fujets d'impôts pour fatisfaire
la fantaifie du moment.

En général, l'adminiftration économique des papes eft modérée ; mais le gouvernement eft trop léthargique , & ne
peut guere être autrement. Chaque pontificat n'eft guere évalué qu'à fept ans,
en formant une durée moyenne d'une
fuite de papes. Il n'eft guere poffible
qu'un vieillard s'occupe des vices qui
peuvent fe trouver dans l'adminiftration,
fe flatte d'avoir le temps de les corriger

& d'affermir la réforme, ou même ait, à un âge avancé, le courage néceſſaire pour une telle entrepriſe. Il ſonge à jouïr. Il eſt communément gouverné par des neveux, qui, ſachant qu'ils ne lui ſuccéderont pas, du moins immédiatement, n'ont garde de lui inſpirer des idées de réforme. Elles ne feroient que leur aliéner les plus puiſſans de la cour, qui ſont toujours ceux qui profitent dés abus. I's prennent donc le parti d'en profiter eux-mêmes.

Il eſt peu d'hommes qui, nés dans la pouſſiere, comme Sixte V, ſoient pourtant nés pour régner. Cela eſt même rare parmi ceux qui naiſſent ſur le trône. Sixte V fut un de ces prodiges; & il feroit à deſirer pour l'état eccléſiaſtique, d'avoir une ſuite de papes de ce caractere, & capables d'en réformer le gouvernement qui eſt aujourd'hui un des plus mauvais de l'Europe. Je ne parle pas des vices qui naiſſent de la conſtitution même de cette monarchie ſinguliere, & tiennent à des avantages dont ils ſont inſéparables. Par exemple, dans un état dont le ſouverain eſt un vieillard électif & abſolu, mais qui ne peut choiſir ni indiquer ſon ſucceſſeur, il eſt impoſſible de réunir toutes les volontés en une ſeule, de confondre les intérêts particuliers dans l'intérêt com-

mun , ou de les en faire naître. L'efprit de la nouvelle Rome eſt diamétra-
lement oppoſé à celui de l'ancienne.
Dans celle-ci chaque point de la circonférence tendoit au centre : le patrio-
tiſme étoit la paſſion dominante des citoyens. Dans la nouvelle, tout ce qui a
le moindre intérêt de s'en éloigner, s'en
écarte. On ſe tient iſolé, ou l'on ne s'u-
nit que pour former des factions contrai-
res, excepté dans les prétentions de la
cour de Rome ſur les autres états catholiques. C'eſt dans ce ſeul point un même
eſprit qui l'anime. Il faudra pourtant bien
qu'elle y renonce un jour, ſi elle veut
conſerver quelques droits.

Tels ſont les inconvéniens qui tiennent à la conſtitution fondamentale de
la monarchie papale, & qu'on ne pourroit changer ſans la détruire, parce
qu'elle a auſſi ſes avantages.

Mais combien y a-t-il dans l'adminiſtration économique & politique d'abus &
de vices particuliers, qu'un pape éclairé
& ferme pourroit réformer, & qui diſ-
paroîtroient, ſi le conclave lui donnoit
quelques ſucceſſeurs qui euſſent les mêmes qualités ? Que ne feroient-ils pas
pour la culture des terres, effet & principes de la population, d'où renaîtroit la
ſalubrité de l'air ; pour la réformation de

la juftice civile & criminelle ; pour la fuppreffion de ces afyles fi fcandaleux ; pour celle même de tant de pratiques d'une fuperftition abfurde, plus contraire à la religion que favorable à la cour de Rome, qui tireroit alors fa dignité de la pompe des cérémonies, fi puiffante fur l'efprit des peuples, & encore plus de l'ordre & des mœurs ? Rome cefferoit par-là d'être l'objet de la dérifion des proteftans & du fcandale des catholiques raifonnables. Elle auroit grand befoin d'une régénération. Les lettres, les fciences & les arts, à l'exception de la mufique, y dépériffent. S'il paroît en France, en Angleterre ou ailleurs, un ouvrage généralement eftimé, il n'en paffe pas quatre exemplaires à Rome. Quelques amateurs avoient engagé un libraire étranger à s'y tranfporter avec un affortiment de choix. Il a été obligé de s'en retirer, après y avoir perdu la moitié de fes fonds. L'académie des arcades, avec fon déluge de fonnets, n'eft par fon titre qu'une parodie des vraies fociétés favantes. Ce n'eft que par complaifance que des étrangers confentent à s'y laiffer infcrire. On ne voit fur les théâtres, excepté à l'opéra, que des farces de foire. Si les premiers rayons qui ont éclairé l'Europe font partis de l'Italie, ils ont porté ailleurs plus de chaleurs qu'il n'en reste aujourd'hui au centre, quoiqu'il s'y trouve toujours des hommes d'un mérite distingué, & qui le seroient par-tout.

Par un contraste assez singulier, les habitans de Rome, car je ne puis les appeller des Romains, ont, comme les anciens, l'ambition de transmettre leurs noms à la postérité. Celui qui récrépit un mur de couvent, reblanchit une chapelle, n'oublie pas de l'annoncer par une inscription aux races futures ; il brise en même-temps les plus beaux monumens, pour en employer les matériaux aux plus vils usages ; il voit l'escalier des récolets d'Aracœli & l'église de St. Paul pavés d'inscriptions en marbre enlevées des tombeaux des empereurs, & croit, au milieu de tout ce qui atteste l'oubli où tombent les plus grands hommes, perpétuer sa petite existence. Les Barberins & les Farnezes ont arraché du colisée les pierres de leurs palais. On a sacrifié à un luxe privé la magnificence publique de Rome, dont l'utilité est pourtant très-réelle ; car il ne faut pas que les habitans de cette ville s'imaginent que les étrangers y portassent tant d'argent, si l'église de St. Pierre n'existoit pas, & sur-tout si les restes de la magnificence romaine étoient absolument enfevelis sous l'herbe. Il est très-

important que ces débris fubfiftent, &
foient, finon rétablis, du moins confervés & entretenus. Le nom des papes qui
ont détruit ou permis de détruire d'anciens monumens, tels que le colifée &
autres, devroit être profcrit dans Rome.
Sixte V en connoiffoit l'importance : il en
rétablit plufieurs; il en éleva lui-même,
tels que le dôme de St. Pierre, l'obélifque, & les deux fontaines de la place
d'où partent deux gerbes d'eau. On lui
doit l'aqueduc qui porte dans Rome cet
immenfe volume d'eau, qu'on appelle de
ſon nom l'*aqua felice*. Toutes ces dépenfes, en donnant de l'activité à l'induftrie
& aux arts, ne l'ont pas empêché de laiffer un tréfor prodigieux pour ces temps-là,
& qui depuis a fait plus d'une fois le falut
de Rome. Ce n'eft pas que je loue cette
opération, j'en dirai ailleurs les raifons.
On eft étonné de ce que Sixte V a pu
faire en cinq ans de pontificat, & toujours à l'avantage de Rome. Mais ce qui
lui fait le plus d'honneur, comme pape
& comme prince, c'eft d'avoir exterminé
une race d'affaffins & de brigands qui in-
feftoient l'Italie, & formoient une efpece
de profeffion qui avoit fes loix. On faifoit
alors affaffiner ou mutiler un ennemi,
fuivant les conventions, comme on tire
une lettre de change. On rapporte qu'un

homme à qui un de ces fcélérats venoit
de couper le vifage, lui repréfentoit l'in-
juftice de maltraiter quelqu'un dont il
n'avoit jamais eu fujet de fe plaindre.
L'affaffin allégua l'argent qu'il avoit reçu
& la parole d'honneur qu'il avoit donnée
de s'acquitter de fa commiffion. Le bala-
fré offrit à l'inftant pareille fomme à ce
commiffionnaire fi exact, s'il vouloit en
ufer ainfi à l'égard de fon commettant.
Le marché fut accepté ; & l'exécuteur
s'acquitta de la feconde commiffion avec
autant de fcrupule que de la premiere.

Sixte V purgea l'état eccléfiaftique de
cette branche de commerce, & n'épar-
gna pas les exécutions. Les brigands qui
échapperent au fupplice par la fuite, les
vagabonds & gens fans aveu refluerent
chez les princes voifins. Ceux-ci s'en
étant plaints, Sixte, pour toute excufe,
leur fit dire qu'ils n'avoient qu'à l'imiter,
ou lui céder leurs états.

Si je me fuis un peu arrêté fur ce
pape, c'eft que l'état actuel de Rome
m'en a fouvent rappellé l'idée. On l'a
mal à propos taxé de cruauté, je le
trouve un prince très-humain. Il affuroit
la tranquillité de fes fujets en épouvan-
tant le crime ; & je maintiens qu'il y a
eu moins d'exécution fous fon régne,
qu'il n'y avoit auparavant de meurtres

dans un mois. J'aurai encore occasion d'en parler au sujet des lieux de monts.

Quoiqu'il en soit, Rome auroit aujourd'hui plus de besoin d'un prince tel que Sixte V, que d'un saint : or le pape actuel Clément XIII est un saint & non pas un prince ; & son ministre le cardinal Torrigiani, n'est ni l'un ni l'autre.

Il me semble qu'on n'a pas généralement une idée assez exacte de ce pape ni de son ministre. Voici ce que j'en pense, d'après les conversations que j'ai eues avec les ministres, cardinaux & autres qui ont souvent conféré avec le pape & traité d'affaires avec Torrigiani. L'audience que le premier m'a donnée, & ce que j'ai vu du second, que j'ai rencontré dans quelques sociétés, tout m'a paru s'accorder avec ce qu'on m'en avoit dit.

Clément XIII Rezzonico, est de la plus haute piété. Il a toujours eu des mœurs pures, beaucoup de candeur & de douceur dans le caractere, le cœur & l'esprit droit ; peut-être ne lui a-t-il manqué, pour avoir plus d'étendue dans l'esprit, que de l'avoir appliqué aux affaires, & d'avoir osé prévoir qu'il monteroit un jour sur le trône. Son élection fut un coup fourré, un tour de conclave auquel il n'eut aucune part, & dont plusieurs cardinaux furent les dupes. Quoiqu'il eût le nombre de voix néceſſaire pour ſon élection, il lui manqua celles d'une douzaine de cardinaux, qui lui auroient donné la leur, s'ils euſſent ſoupçonné qu'il eût pu s'en paſſer ſans en être moins élu. Pour entendre ceci, il faut ſavoir, qu'après le jeu des batteries & contre-batteries que les différentes factions emploient les unes contre les autres ; quand toutes les intrigues, les fineſſes italiennes ſont épuiſées & déconcertées, les partis aſſez forts pour combattre & trop foibles pour vaincre, font la paix de guerre laſſe : l'ennui, les chaleurs & les punaiſes, car le Saint-Eſprit ſe ſert de tout, ſuffi-roient pour chaſſer les cardinaux du conclave. Ils ſe réuniſſent alors ſur un ſujet dont le premier mérite, du moins à leurs yeux, eſt de leur être indifférent ; c'eſt aſſez qu'il ne ſoit pas l'ouvrage d'une faction contraire. Ainſi ſe juſtifie le proverbe : *Qui entre pape au conclave en ſort cardinal.* Comme on y prévoit l'élection dès la veille, les oppoſans, s'il s'en trouve, craignant de s'aliéner, par une réſiſtance inutile, celui qui va devenir leur maître, s'empreſſent de lui donner leurs ſuffrages, & veulent paroître n'avoir deſiré que lui. Il a donc ordinairement l'unanimité des voix.

Dans le conclave où fut élu Bénoît

XIV Lambertini, & qui dura plus de cinq mois, les cardinaux, après avoir balloté quelques fujets, fe partagerent en deux factions; celle qui portoit Aldrovandi, lui donna conftamment trente-trois voix chaque jour pendant deux mois, fans pouvoir lui en procurer une trente-quatrieme qui auroit affuré l'élection. Le cardinal Anibal, Albani, chef de la faction contraire, feignit de fe laiffer gagner pour Aldrovandi, qui eut l'imprudence d'en marquer fa reconnoiffance dans un billet dont Albani fe prévalut pour accufer Aldrovandi d'ufer d'intrigue. Celui-ci voyant quelques-uns de fes partifans près de fe détacher de lui, les tourna tous vers Lambertini, pour enlever du moins à Albani, dont la faction, laffe de conclave, accéda à Lambertini, à qui perfonne n'avoit d'abord penfé, & qui eut l'unanimité. Je fuis perfuadé que la même chofe arrivera communément.

Il n'en fut pas ainfi de l'élection de Rezzonico. Le cardinal Spinelli qui avoit un parti très-fort, ayant fu qu'il auroit l'exclufion de la part de l'Efpagne, & Cavalchini celle de la France, fans que celui-ci s'en doutât, il réfolut d'élever au pontificat quelqu'un qui, lui en ayant obligation, lui donnât part au gouvernement. En conféquence, il confia la moitié du fecret à Cavalchini, c'eſt-à-dire, le projet d'excluſion de l'Eſpagne, ſans parler de la France, & lui offrit de le faire pape, en joignant un parti à l'autre. Cavalchini, déja fort par lui-même, crut ſon élection ſûre ; mais la France l'ayant fait exclure, Spinelli joua l'affligé, & lui propoſa de ſe réunir en faveur de Rezzonico, peu agréable à Sciarra Colone, partiſan de la France. Cavalchini piqué, & croyant avoir reçu de Spinelli un ſervice déſintéreſſé, dont la France ſeule avoit empêché l'effet, accepta ta propoſition, & Rezzonico fut élu. L'affaire fut ſi bruſquement conclue, que pluſieurs cardinaux n'eurent pas le temps d'être inſtruits de ce qui ſe paſſoit, & de ſe faire le mérite d'y concourir. Peut-être auſſi le fecret lui procura ou lui conſerva-t-il des voix qu'il n'auroit pas eues, & il n'en eut que le nombre ſuffiſant. Paſſionei qui ne lui avoit pas donné la ſienne, ne voulant pas être ſoupçonné de timidité, ni paſſer pour dupe, dit hautement qu'il l'avoit refuſée à Rezzonico, parce qu'il le croyoit incapable de gouverner l'égliſe. Il a ſouvent répété ce propos dans l'affaire de Portugal. Quand on lui objectoit la pureté d'ame de Clément XIII ; J. C., diſoit Paſſionei, rendoit le même témoignage à Nathanaël :

bonus

bonus Ifraëlita , &c., mais il n'en fit pas un apôtre. Les cardinaux auroient dû fuivre le confeil qu'un anonyme leur donnoit en affichant à la porte du conclave : *fi doctus, doceat nos; fi fanctus, oret pro nobis; fi prudens, gubernet nos.*

Je ne parle des deux derniers conclaves, que pour donner une idée de ce qui fe paffe dans tous les autres.

Clément XIII n'ayant pas les qualités propres au gouvernement, ne s'eft pas, comme tant d'autres, imaginé les avoir; & ce n'eft pas un mérite commun que de favoir fe juger. Uniquement occupé de fon falut, il abandonna toutes les affaires à fon miniftre. Mais il n'a pas été heureux dans le choix qu'il a fait du cardinal Torrigiani. Ce miniftre eft honnête homme, grand travailleur, entendant bien affaire quant au pofitif des loix, mais incapable d'en connoître l'efprit, d'y faire fléchir la lettre, ou de réformer ce qu'elles peuvent avoir de vicieux. Plus opiniâtre que ferme, la contradiction l'affermit dans un fentiment qu'on lui feroit abandonner en le flattant. C'eft un grand défaut dans un homme d'état que de manquer de flexibilité, & de ne pouvoir être ramené que par la voix de la féduction. Ruftre, & même groffier, il ignore que l'ancienne audace

eccléfiaftique n'eft plus de faifon. N'é.
tant jamais forti du vatican ou du qui-
rinal, il croit fermement que le pouvoir
des clefs eft le même que du temps de
l'empereur Henri IV; & ne fe repro-
chant rien, il ne fuppofe pas qu'on ait
aucun reproche à lui faire. Quand il ne
peut difconvenir des pertes que la cour
de Rome fait journellement de fon autorité dans l'Europe catholique, il les
regarde comme des nuages paffagers,
& répond : nous avons la parole de Je-
fus-Chrift ; l'églife eft inébranlable. Il
ne foupçonne pas qu'il y ait de la différence entre l'églife & la cour de Rome. Il a perdu les jéfuites par fon opi-
niâtreté. Les janféniftes & les parlemens
lui devroient un temple, avec l'infcrip-
tion : *Deo ignaro.*

Le 16 janvier 1762, le duc de Praflin,
alors miniftre des affaires étrangeres, écrivit de la part du roi au cardinal de Ro-
chechouart, ambaffadeur de France à
Rome, (j'ai lu la lettre) de mander
chez lui le P. Ricci, général des jéfuites,
& de lui propofer de nommer en France
un vicaire-général François, qui feroit
changé tous les trois ans, ou ne pourroit être continué que pendant trois autres années au plus ; au moyen de quoi
les jéfuites feroient confervés. Le roi fait

marquer dans cette lettre, fur-tout dans trois endroits, fon goût pour eux & le defir de les garder. Le cardinal avoit ordre de lui parler fuivant l'efprit de la lettre, fans la montrer, & d'exiger une réponfe précife & prompte, laquelle devoit arriver avant le 9 fevrier, jour fixé par le parlement pour terminer l'affaire. Il faut que le cardinal ait fait féchement fa commiffion, fans quoi il feroit inconcevable que le P. Ricci eût refufé l'offre du roi. Je fuis perfuadé que s'il eût vu la lettre, il auroit accepté avec reconnoiffance. Il voulut, avant de fe déterminer, confulter le miniftre de Clément XIII, le cardinal Torrigiani, qui répondit, comme on fait : *Sint ut funt, vel non fint.* Ce fut l'arrêt de mort des jéfuites.

Torrigiani ne connoît pas l'état qu'il gouverne, puifqu'il ne connoît pas les états avec lefquels il eft obligé de négocier. Quand les événemens contrarient fes vues & fes mefures, il dit qu'il renonceroit au miniftere, fi la Providence qui l'y a placé ne lui déclaroit, par cela feul, qu'elle veut qu'il y refte. Il a cette folie-là de commune avec l'archevêque de Paris, Beaumont, fuppofé que leur folie foit bien purgée d'intérêt ; j'en doute fort.

La cour de Rome eſt ſur le point de perdre le Portugal : Carvalho , comte d'Oyras, vient de faire paroître un ouvrage terrible en faveur des évêques contre le pape, & a fait en conſéquence donner pour des mariages entre parens, des diſpenſes qu'on alloit auparavant demander à Rome. Cependant on y craint encore plus les écrivains François, que la révolte ouverte du Portugal, & l'on n'a pas tort. L'affaire de Portugal tient uniquement au miniſtre ; la ſuperſtition n'y a rien perdu de ſa force ſur l'eſprit de la nation ; au-lieu que le François, avec ſes incommodes libertés, ſans ſe détacher de la communion romaine , eſt plus à craindre que des hérétiques déclarés. Le pouvoir ſpirituel de Rome tombe, depuis quarante ans, avec l'accélération des corps graves dans leur chûte : quelques prélats en ſont convenus avec moi. Dans une converſation libre que nous eûmes, le cardinal Piccolomini & moi, j'allai juſqu'à lui dire, que ſi je n'avois que dix-huit ans, je verrois la révolution de Rome, & il ne me contredit pas.

Ce gouvernement pourroit encore ſe relever & s'affermir pour long-temps, s'il avoit la ſageſſe de renoncer à ſes prétentions chimériques. Il conſerveroit des droits ou prérogatives honorables que les princes catholiques refpecteroient. Sans quoi, ces princes s'affranchiront bientôt d'eux-mêmes, & la profcription des chimeres entraînera les attributions utiles.

Ce n'eft pas que je penfaffe que la féparation de la France d'avec Rome fût avantageufe au roi. Un patriarche pourroit avoir de grands inconvéniens, & s'il faut un centre d'unité, il vaut mieux l'avoir à trois cents lieues que chez foi. Le roi dans bien des occafions où il ne veut pas ufer de fon autorité, peut faire réprimer par le pape des évêques fanatiques ou brouillons. Quant à l'idée de fe conftituer chef de fon églife, cela ne feroit guere praticable à un prince catholique. Il y trouveroit de grands obftacles, par des raifons qui, pour être développées, exigeroient un traité en forme.

La cour de Rome ne fauroit aujourd'hui fe conduire avec trop de prudence. Elle voit par-tout qu'on lui fait perdre, par dégrés, fes ufurpations. Les moines, fa plus chere milice, auxquels on n'auroit pas ofé toucher autrefois fans encourir les cenfures, reçoivent par-tout des entraves, & finiront, fi on en laiffe fubfifter, par être foumis à l'ordinaire, comme ils l'étoient dans leur inftitution. Il fe trouve des moines, même en Italie, hors des états du pape, qui préferent à ſes ordres ceux de leur ſouverain.

En 1766, le grand duc propoſa aux minimes & aux auguſtins de lui prêter à intérêt, juſqu'au rembourſement, le ſuperflu de leur argenterie, pour relever une maiſon de charité. Les moines l'ayant accepté, la cour de Rome trouva fort mauvais que cela ſe fût fait ſans ſon attache, exigea que les deux ſupérieurs en demandaſſent du moins l'abſolution. Le minime voulut bien s'y ſoumettre & la reçut. L'auguſtin l'a refuſa, ſoutenant qu'il n'en avoit pas beſoin pour avoir concouru avec ſon ſouverain à un arrangement raiſonnable. La cour de Rome a été réduite à faire paſſer cette abſolution par le général des auguſtins réſidant à Rome, lequel l'a envoyée au moine, qui ne l'a reçue que par reſpect pour ſon ſupérieur.

Peu de temps auparavant, l'empereur avoit fait juſtice, en Toſcane, de l'évêque de Pienza. Ce fanatique jettoit à tort & à travers les excommunications comme les bénédictions. L'empereur, après l'avoir fait pluſieurs fois & inutilement avertir d'être ſage, le fit enlever & conduire par des grenadiers à Aquapendente, premiere ville de l'état eccléſiaſtique du côté de la Toſcane. Dès qu'il fut ſur la montagne, où les grenadiers prirent congé de lui, fe retournant vers la Tofcane, il excommunia tout le duché & nommément l'empereur & les grenadiers, qui en firent peu de cas. Arrivé à Rome, il fallut le dédommager du revenu de fon évêché, & la chambre apoftolique n'ayant pas beaucoup de fonds pour des dépenfes extraordinaires & imprévues, on a eu recours à une économie affez finguliere. Le général des troupes du pape venoit de mourir & n'étoit pas encore remplacé. On a laiffé la place vacante; & les appointemens en ont été donnés à l'évêque, qui en jouiffoit lorfque j'étois à Rome. Il eft vrai que les papes ont fait plus de conquêtes avec des prêtres & des généraux de moines qu'avec des foldats; mais il ne paroît pas qu'ils puiffent aujourd'hui en faire de façon ni d'autre.

La cour de Rome vient d'échouer dans une entreprife qu'elle vouloit faire fur Gênes. La république préfente au pape trois fujets pour un évêché. Le pape fe hafarda d'en nommer un, non préfenté, pour l'évêché de Vintimille, & le prenant parmi les nobles, fe flattoit par-là de le faire accepter par le fénat. L'évêque nommé ayant accepté, le fénat le fit mettre en prifon; & quoiqu'il y

fût bien traité, il y eſt mort au bout
d'un an. Le pape en a nommé un ſecond qui, ne voulant ni mourir ni vivre
en priſon, a ſagement refuſé, & l'évêché eſt encore vacant.

On voit qu'indépendamment des pertes que fait la cour de Rome, par la
révolution arrivée dans les eſprits, elle
s'attire encore des déſagrémens par ſes
imprudences; & malgré toute ſa politique, les beſoins qu'elle éprouve lui font
faire de mauvais marchés. Si celui que
Benoît XIV fit en 1753, ne fut pas forcé,
ce fut une faute très-grande.

Par un concordat, le roi d'Eſpagne,
moyennant un million cent trente-trois
mille, trois cent trente-trois écus romains,
qui font cinq millions ſix cent ſoixante
ſix mille ſix cent ſoixante-ſix livres de France, une fois payés, nomme aux bénéfices
de ſon royaume & en expédie les bulles,
ſans que le pape puiſſe mettre des pen-
ſions ſur aucun de ces bénéfices. Il ne
s'en eſt réſervé que cinquante-deux qu'il
nomme comme autrefois, & dont il expédie les bulles, & le roi d'Eſpagne
donne aux nonces apoſtoliques à ſa cour,
cinq mille écus romains par an, ſur le
produit de la bulle de la croiſade, eſpece d'indult, par lequel le roi leve une

certaine fomme fur le clergé, pour les prétendus frais d'une guerre fictive contre les Turcs.

Rome a perdu, par cet arrangement, près de huit mille Efpagnols folliciteurs de graces qui faifoient leur cour au pape, portoient de l'argent chez lui, & lui procuroient chez eux une très-grande confidération. Rien n'ajoute fi fort à celle d'un prince chez les étrangers, que d'y en entendre fouvent parler. Benoît XIV étoit favant, avoit l'efprit aimable, l'imagination vive & gaie, les propos libres & des mœurs pures; affable, tolérant, populaire, l'homme enfin le plus fait pour la fociété; mais s'il prétendit, comme les autres papes, à l'infaillibilité, ce ne devoit pas être en politique.

A propos d'infaillibilité, il eft affez fingulier qu'un pape annulle, par un décret, ce que fon infaillible prédéceffeur avoit ftatué. On peut fe rappeller la lettre encyclique de Benoît XIV aux évêques de France, pour y établir la paix fur la conftitution. A peine fut-il mort, que Giacomelli, le fanatique agent des fanatiques conftitutionnaires, & fecretaire des brefs aux princes, c'eft-à-dire, des brefs qui ne partent pas de la daterie, voulut engager Clément XIII à donner de cette

lettre une interprétation qui l'auroit exactement anéantie, & auroit produit un
fchifme qui pouvoit aller jufqu'à la féparation de la France d'avec Rome. M.
d'Aubeterre para le coup par le moyen
du cardinal Galli, grand pénitencier, le
plus vertueux, le plus inftruit, le plus
éclairé des cardinaux; & le contre-poi-
fon de Giacomelli. Sur ce qu'on repréfentoit à celui-ci, qu'il fe hafardoit à mettre le feu en France; je le voudrois, dit-
il, aux quatre coins du royaume. Et
peut-être avons-nous en France des bru-
lots qui penfent comme lui. Je tiens de
plufieurs prélats romains, & je fais que
le pape penfe comme eux, que fi quelques évêques François ne fouffloient pas
le feu à Rome, on y feroit fort tranquille
fur la conftitution.

Lorfque Clément XIII étoit prêt à faire
fa promotion de 1766, Torrigiani & les
cardinaux de fon parti, amis des jéfuites
& ennemis des parlemens, furent acca-
blés de lettres des évêques François qui
penfent comme eux, pour engager le
pape à comprendre dans fa promotion
& nommer *proprio motu* l'archevêque de
Paris, Beaumont. Il fembloit que le fort
de l'églife & de la religion en dépendoit.
J'ai lu, entre autres, une lettre de l'évêque de Sarlat (Montefquiou) qui avoit

été interceptée. Cette lettre, de juin 1766, est un plaidoyer en forme, pour prouver au pape la nécessité de donner le chapeau à l'archevêque, & de le mettre par-là à l'abri de toute pourfuite du parlement. Il faut être bien impudent ou bien ignorant de nos principes, pour en avancer de si faux. Le parlement l'auroit détrompé, pourvu que le roi l'eût laiffé agir. Dans un temps où Rome étoit autrement refpectée qu'aujourd'hui, le chapeau n'empêcha pas le cardinal Balue d'être enfermé dans une cage de fer.

Les modeles de la plupart de ces lettres étoient dreffés à Rome, par Giacomelli & l'abbé de Caveirac. Les évêques ne faifoient que les tranfcrire. Cependant toutes les batteries n'eurent aucun fuccès, & l'archevêque ne fut point cardinal. Ses partifans ont prétendu que le pape l'auroit nommé, s'il n'avoit craint de fe compromettre en propofant au roi un fujet qui n'en auroit pas été agréé. J'ai au contraire tout lieu de penfer que le pape, pour céder à la perfécution des *zelanti* de l'archevêque, & s'en faire un mérite auprès d'eux, l'auroit propofé au roi, s'il eût été fûr du refus de fa majefté.

Les papes font flattés fans doute de voir le fujet diftingué d'un fouverain devenir le leur, & s'attacher trop fouvent à fon

prince adoptif plus qu'à celui que fa naiffance lui avoit donné. Mais il fuffit à la
cour de Rome d'avoir dans chaque état
puiffant un ou deux fujets décorés du chapeau, & d'en montrer de loin la perfpective à tous les autres. Elle ne veut pas
que dans un conclave, la faction des couronnes puiffe l'emporter fur l'italienne.
Les papes ont d'ailleurs, dans leurs propres états, affez de maifons illuftres à s'attacher pour ne pas donner le chapeau à
des étrangers, fans y être contraints par
un intérêt fenfible.

Je ne connois que deux chapeaux en
France donnés *proprio motu*, depuis plus
d'un fiecle; l'un au cardinal de Mailly,
& l'autre au cardinal de Bernis. Le premier fut la récompenfe du fanatifme de
Mailly pour la conftitution; le fecond
fut un acte de reconnoiffance de Benoît
XIV à l'égard de l'abbé de Bernis, qui
avoit réconcilié la cour de Rome & la
république de Venife. Je parle de ces deux
faits dans mes mémoires fur le regne
préfent.

Quand le roi voulut procurer le chapeau au cardinal Fleury, il fut obligé de
confentir que fon droit feroit regardé
comme employé lors de la nomination
des couronnes, qui fe fit un an après, &
à laquelle la France n'eut point de part.

Il y avoit déja eu des exemples de promotion anticipées ; celle du cardinal de
Bouillon en 1669, & une autre plus ré-
cente en 1715, du cardinal de Biſſi, ſous
Louis XIV. C'eſt pourquoi, ſous Louis
XV, la France ne prétendit point participer à la promotion des couronnes de
1719. Puiſque je me ſuis arrêté ſur les
promotions des cardinaux, j'ajouterai
quelques articles qu'on ne trouve dans
aucun voyageur, & que je ne crois pas
imprimés ailleurs.

On décida au concile de Conſtance
que les cardinaux ſeroient choiſis dans
toutes les nations chrétiennes. Les papes
nommerent cependant plus d'Italiens que
d'étrangers, & en ayant pris parmi ceux-
ci quelques-uns qui ne convenoient pas
à leurs ſouverains, il fut réglé, vers 1600,
que les princes préſenteroient eux-mêmes
leurs ſujets. Lors de ce réglement, l'Angleterre n'étant plus catholique, & le
Portugal étant ſoumis à l'Eſpagne, le
droit de nomination ſe bornoit preſque à
l'empereur, à la France & à l'Eſpagne.
Les rois de Pologne voulurent cependant
participer aux promotions. Le pape prétendoit que n'étant qu'électifs, ils n'a-
voient pas les mêmes droits que des rois
héréditaires. Une autre difficulté le touchoit encore plus ; c'eſt que les évêques

polonois ne veulent pas céder comme ailleurs aux cardinaux. Les rois de Pologne, pour établir un droit de nomination, préfenterent d'abord des nonces qui
avoient réfidé auprès d'eux. Ils en ont
depuis nommé d'étrangers , autres que
des nonces , & plufieurs François leur
ont dû & leur doivent encore le chapeau.
La cour de Rome vouloit du moins les
borner à une feule nomination pendant
leur regne; mais il faut déformais que
les papes comptent avec les rois.

La république de Venife ayant le traitement des têtes couronnées, le pape,
de concert avec l'ambaffadeur, comprend
un Vénitien dans la promotion des couronnes.

Depuis que le Portugal a fecoué le
joug de l'Efpagne, fes rois ont leur droit
de nomination. Tous les rois de la communion romaine ont le même droit.

Pendant la guerre de la fucceffion ,
Clément XI ayant été forcé de reconnoître l'empereur pour roi d'Efpagne, ce
prince le força encore, à ce titre, de comprendre dans la promotion des couronnes le jéfuite efpagnol Cinfuegos, indépendamment du cardinal qu'il avoit nommé comme empereur.

Le pape, ayant reconnu Jacques III
comme roi d'Angleterre , lui accorda,

dans la promotion de 1712, la nomination d'un chapeau, qui fut celui du cardinal de Polignac, dans le temps qu'il fignoit le traité par lequel Jacques III étoit exclus à perpétuité du trône d'Angleterre. Depuis cette premiere nomination, Jacques que nous ne nommions plus que le prétendant, a joui de ce droit pendant toute fa vie à chaque promotion des couronnes, & l'a toujours appliqué à des François, dont chacun lui a fait une gratification de cent mille écus qui étoient cenfés être pour fa maifon.

Le prince Edouard fon fils ne jouit pas de ce droit; le pape ne l'ayant pas reconnu pour roi. On ne lui permettroit pas à Rome de prendre le pas fur fon frere le cardinal d'Yorck; & l'on a exilé quelques fupérieurs de moines qui, dans une vifite, l'avoient traité de majefté. Je l'ai fouvent rencontré dans les rues de Rome, marchant avec deux carroffes. J'avois eu avec lui à Paris quelques converfations, & il parut me reconnoître, en me faifant un figne de bonté; mais je n'allai point lui faire ma cour, ne voulant, dans les circonftances préfentes, ne lui donner ni lui refufer le titre de majefté.

On penfe que les égards du pape pour l'Angleterre ont pour objet d'en procurer la protection aux catholiques du Canada. Les Anglois font plus accueillis à Rome qu'aucune autre nation, par la dépenfe qu'ils y font ; au-lieu que cette ville eft furchargée de pélerins gueux de tous les états catholiques.

Pour finir ce qui concerne les promotions de cardinaux, il faut obferver que le pape ne peut donner le chapeau *proprio motu* à un fujet de l'empereur, du roi de France ou de celui d'Efpagne, fans l'agrément réuni des trois. Ces puiffances ont encore le droit de rejetter pour nonces tous ceux qui ne leur font pas agréables : c'eft par conféquent les nommer elles-mêmes ; & ces trois nonciatures affurent le chapeau à ceux qui les ont remplies.

J'ai dit que le pape avoit un pouvoir abfolu ; j'ajouterai que les cardinaux l'ufurpent fur les autres citoyens. Je ne connois point de pays où les grands foient plus en état d'abufer de leur crédit, & les Italiens nomment cet abus la *prépotenza*. Chaque cardinal a la franchife de fon palais auffi facrée que celle d'une églife, & tout coquin qui a la protection d'une éminence eft à couvert des pourfuites de la juftice. Un feul exemple des excès où peut fe porter un cardinal, en donnera une idée qu'on ne pourroit pas

ſe former ſur une aſſertion générale d'a-
bus de puiſſance.

Le cardinal Aquaviva étoit protecteur
de l'Eſpagne, titre inſolent que prennent les cardinaux chargés des affaires
eccléſiaſtiques d'un royaume, &. qui l'eſt
encore trop en les qualifiant de protecteurs des égliſes de, &c.; mais il ne s'a-
git pas ici de diſcuter de vains titres,
voyons-en l'effet.

Il faut encore ſavoir que Rome n'ayant
point de guerres pour ſon compte, tous
ſes habitants ne s'en intéreſſent pas moins
à celles qui s'élevent en Europe, que ſi
elles les regardoient eux-mêmes. Chacun
s'y paſſionne pour ou contre chaque nation belligérante. On voit le parti françois, autrichien, anglois, pruſſien, &c.

Lorſque l'empereur François Iᵉʳ. fut
élu à Francfort, en 1745, le parti autrichien imagina une eſpece de triomphe.
On prit un enfant de douze à treize ans,
fils d'un peintre, nommé Léandro, &
d'une jolie figure; on l'habilla d'oripeau;
un faquino le portant debout ſur ſes épaules, on le promena dans Rome, ſuivi
d'une foule de canaille qui crioit *vive
l'empereur.* Cette maſcarade paſſa d'a-
bord devant le palais du cardinal de la
Rochefoucault, chargé des affaires de
France; s'arrêta ſous les fenêtres, & re-

doubla de cris de joie. Le cardinal fentit bien que ce n'étoit pas pour lui faire honneur ; mais prenant le parti qui convenoit avec une populace, il fe montra fur le balcon, & fit jetter quelques poignées d'argent, Auffi - tôt la canaille fe jetta deffus, en criant *vive l'empereur , vive la France.*

Cette troupe de gueux , échauffée par le fuccès de fon infolence, continua fa marche, fe rendit fur la place d'Efpagne devant le palais du cardinal Aquaviva, & voulut y jouer la même farce. Le cardinal , l'homme du caractere le plus violent, paroît à une fenê.re ; au même inftant vingt coups de fufils partent du palais, couchent fur la place autant de tués ou de bleffés ; & le pauvre enfant fut du nombre des premiers. Tout le peuple de Rome indigné d'une telle barbarie , dont la conduite du cardinal de la Rochefoucault montroit encore plus l'horreur , s'attroupe, veut incendier le palais & y brûler Aquaviva. Mais celui-ci , qui avoit prévu les fuites de fa violence, s'étoit affuré de plus de mille braves, dont il couvrit la place ; quatre pieces de canons chargés à cartouches font mifes en batterie devant le palais, en impofent au peuple qui s'écarte, fe diffipe, n'exhalant fa fureur qu'en imprécations contre le car-

dinal. Il n'en fut depuis que plus refpec-
té, & favoit fe défaire de façon ou d'autre de tous ceux qui lui faifoient ombra-
ge. Si le fait n'étoit pas fi récent & n'a-
voit pas eu tant de témoins, il feroit incroyable qu'il fût arrivé, ou qu'il n'eût
pas eu plus de fuite. J'ai eu befoin pour
le croire de me le faire répéter par des
perfonnes de toutes claffes. J'ai fu d'un
banquier très-accrédité dans Rome, &
qui en connoît bien l'intérieur, que le
cardinal n'avoit pas été fans inquiétude
pendant plufieurs jours.

Le peuple, forcé de renfermer fa fureur, avoit projetté de pénétrer par un
égout fous le palais & de le faire fauter
avec de la poudre. Le chef de la conju-
ration étoit un maçon nommé Maeftro
Giacomo, homme de tête, hardi, & une
efpece de coq du bas peuple. Le banquier de qui je le tiens, en eut connoiffance
& en inftruifit le cardinal, qui manda fecrétement Giacomo, le flatta beaucoup,
& tout ce qu'il en put obtenir fut que
maître Jacques, fans nier ni blâmer le
projet, promit fimplement de ne s'en
plus mêler. Les conjurés, ayant perdu
ce chef fi néceffaire par fa profeffion,
n'en purent trouver un pareil, le temps
refroidit les efprits, & les chofes en ref-
terent là.

Il n'eſt pas moins étonnant que le pape, avec l'autorité abſolue & un corps de troupes, n'ait pas fait du cardinal quelque juſtice au peuple.

Aquaviva eut dans les derniers jours de ſa vie tant de remords de ſes violences, qu'il vouloit en faire publiquement amende honorable ; mais le ſacré college ne le permit pas *ob reverentiam purpuræ.*

Le miniſtre d'Eſpagne entretient encore aujourd'hui quatre ſoldats & un bas-officier, qui montent la garde ſur la place, prêts à ſabrer les sbires qui oſeroient paroître ſur ſa franchiſe. Les autres miniſtres étrangers ont auſſi chacun la leur, & toutes ſont autant d'aſyles pour le crime.

Il en eſt ainſi des autres villes de l'Italie. J'ai vu à Florence un coquin qui s'étoit fait une baraque ſur le perron d'une égliſe où il vivoit depuis deux ans de charités, s'y renfermant la nuit, & ſe promenant le jour ſur le perron. Etant à Boulogne, je voyois ſous le portique des Franciſcains pluſieurs de ces marauts y recevoir tranquillement autant d'aumônes que les mendians qui couroient les rues.

Il y a un ſiecle qué toutes les franchiſes auroient été ſupprimées, ſans la hauteur, pour ne pas dire plus, de Louis XIV, qui, feul de tous les fouverains, voulut conferver la franchife de fon ambaffadeur. Le pape Innocent XI avoit le confentement des autres princes, qui le retirerent dès qu'ils virent qu'il n'étoit pas général. Comment le confeffeur de Louis XIV, un jéfuite, attaché au pape par état, n'a-t-il pas remontré à fon pénitent de combien de crimes il fe rendoit refponfable, & dans une occafion où la raifon, la juftice & le bien de l'humanité étoient vifiblement du côté du pape?

Ce prince avoit de grandes qualités; mais il n'a pas toujours placé le point d'honneur où il devoit être, & a quelquefois abufé de fa puiffance. Il eut raifon d'exiger une fatisfaction éclatante de l'attentat des Corfes contre fon ambaffadeur; mais il falloit en même-temps châtier les domeftiques qui avoient donné lieu à la violence de la foldatefque. Il faut dans toutes les affaires envifager à la fois le principe & l'effet. Tout Rome atteftoit alors que les valets & les braves attachés au duc de Créqui ne ceffoient journellement d'infulter les foldats de la garde Corfe. Ce qui eft affez croyable, vu l'efprit du temps, l'indifcrétion françoife & l'infolence de la valetaille.

Si l'on peut blâmer l'excès du crédit

des cardinaux, on ne peut leur faire des reproches fur les mœurs. Il y en a fans doute quelques-uns, comme parmi nos évêques, dont la conduite ne feroit pas hors d'atteinte ; mais en général elle eſt réguliere. Un prélat qui auroit donné du ſcandale, & ne feroit pas d'une naiſſance qui excuſe tout, parviendroit difficilement au chapeau ; & il eſt très-rare qu'une longue habitude de régularité, ou même de contrainte, ſe démente dans un âge plus avancé. Piccolomini, qui avoit été gouverneur de Rome, place cardinalice, c'eſt-à-dire d'où l'on ne fort que pour être cardinal, eut beaucoup de peine à y parvenir à cauſe de quelques galanteries d'éclat.

Quoiqu'il n'y ait pas à Rome la même réſerve qu'en France fur les ſpeſtacles à l'égard des eccléſiaſtiques, les cardinaux n'y paroiſſent guere. Il y a bien la loge du gouverneur ; mais il n'eſt que dans la prélature, & beaucoup de prélats s'en abſtiennent.

A l'égard de la débauche qui regne, dit-on, publiquement à Rome, & des femmes proſtituées fous la protection du gouvernement, cela eſt abſolument faux, du moins à préſent. Il n'y a pas plus à Rome qu'à Paris, à Londres & dans les grandes capitales, de lieux de débauche.

On y eſt ce qu'on appelle *racroché* en plein jour. Cela n'arrive-t-il pas à Paris? On ajoute, pour aggraver le reproche, que c'eſt ſouvent par des abbés; on ne dit pas que cet habit n'eſt pas reſtreint aux eccléſiaſtiques. C'eſt l'habit commun de tous ceux qui ne veulent pas être confondus avec le bas peuple, & ne ſont pas en état de ſe vêtir comme les laïques aiſés. Obſervons encore que tout ſe fait en Italie par des hommes. Auſſi-tôt qu'on y eſt entré, on ne voit plus de ſervantes dans les auberges, ce ne ſont que des valets, *camérieri*. Je ne connois que Veniſe où les femmes publiques forment une eſpèce de profeſſion, & ſoient protégées par le gouvernement.

La ſociété, à Rome, eſt diviſée en pluſieurs claſſes, comme dans tous les gouvernements où il y a des diſtinctions d'état très-marquées. Les cardinaux, les princes romains, les femmes qualifiées, la prélature forment la premiere claſſe. L'aſſemblée qu'on appelle *converſation* ſe tient à des jours marqués chez ceux où celles qui ſe ſont mis ſur le pied de la recevoir. Les étrangers connus, & préſentés par le miniſtre de leur nation, y ſont admis, & peuvent continuer d'y aller. On y joue, ou l'on y prend des glaces. Le jeu n'y eſt pas fort, comme par-tout où l'opulence n'eſt pas grande. On n'y paie point les cartes ; mais auſſi font-elles ſouvent bien ſales, & ne les change-t-on que lorſqu'on ne peut abſolument s'en ſervir. La propreté n'eſt en aucun genre une qualité des Italiens, ni même des Italiennes. Un inſolent de Paris s'ex-poſeroit à quelques dégoûts, indépen-damment d'autres accidens dont malheu-reuſement l'Italie n'a pas le privilege ex-cluſif.

Je fus d'abord un peu choqué de ne voir ſur les tables du jeu que des jetons de cuivre ou d'ivoire. La raiſon qu'on m'en donna me parut bonne pour les maîtres de maiſon, & injurieuſe pour les joueurs. On prétend que ſi les jetons étoient d'argent, on en emporteroit ſou-vent par mégarde ou autrement. On m'a-jouta que M. le duc de Nivernois en avoit perdu quatre ou cinq cents, pendant ſon ambaſſade.

Les gens de loi & les principaux de la bourgeoiſie ont auſſi leurs aſſemblées & vivent entr'eux ; car un homme d'un or-dre inférieur, quelque mérite qu'il eût, ne ſeroit pas admis dans les ſociétés de la premiere claſſe. La naiſſance & les di-gnités y ſont les ſeuls titres d'admiſſion. Je ne connois point de pays où le mérite perſonnel ſoit moins conſidéré qu'à Rome,

fi l'on excepte l'Allemagee, où la naiſſance l'emporte ſur tout. Un exemple
ſuffira.

Barſquainſtein, fils d'un profeſſeur d'hiſ-
toire à Strasbourg, s'étant fait connoître
par ſon eſprit & ſes talens, l'empereur
Charles VI ſe l'attacha, le fit miniſtre &
comte de l'empire. Il a occupé la même
place ſous l'impératrice-reine. Les plus
grands lui faiſoient la cour; mais il ne
put jamais engager leurs femmes à voir
la ſienne. La comteſſe de Kaunitz, que
je voyois ſouvent à Naples où ſon mari
eſt ambaſſadeur de l'empereur, m'a dit
que le comte de Kaunitz ſon beau-pere,
que nous avons vu ambaſſadeur en France, voulut, à ſon retour à Vienne, admettre dans ſa ſociété quelques femmes
aimables & eſtimables qui en auroient fait
l'agrément. Celles qui leur étoient ſupé-
rieures par le rang refuſerent d'y ſouſcri-
re, déſerterent, & le comte de Kaunitz
fut obligé de ſe ſoumettre au noble ennui dont elles étoient.

Sur l'éloge qu'on faiſoit devant elles
du général Lawdon, qui venoit de rem-
porter une victoire, en applaudiſſant à
ſon mérite, c'eſt dommage, diſoient-elles,
qu'il ne ſoit pas chevalier; car avec ſeize
quartiers, ſans mérite, il leur auroit paru
bien plus eſtimable.

Il n'en eft pas ainfi à Paris ; un hom-
de mérite n'eft exclus d'aucune fociété.
Il eft vrai que le premier des mérites pour
y être reçu & accueilli, eft celui d'être
aimable, c'eft-à-dire, de porter dans la
fociété de l'efprit d'agrément. Il fuffit
fouvent d'être homme de plaifir, pour
être recherché. La probité, la naiffance,
pourvu qu'elle ne foit pas honteufe & fans
fortune, font les dernieres chofes dont
on s'informe. Ce que je dis de la facilité
des liaifons ne regarde que les hommes.
Les femmes, qui font par-tout les con-
fervatrices de la vanité, admettroient un
homme dont elles ne recevroient pas la
femme. Il faut plus d'égalité d'état pour
qu'elles fe voient familiérement. Une
feule chofe établit l'équilibre avec la naiffance, les titres & le rang ; c'eft l'opulence. Les richeffes donnent une grande
confidération, puifqu'elles décident des
alliances les plus difproportionnées &
quelquefois honteufes. Il eft naturel qu'elles influent fur la fociété ; & le befoin
du plaifir y contribue encore. La plupart
des femmes de qualité, & même titrées,
n'ayant qu'une penfion médiocre, relativement à leurs fantaifies, ne pourroient
pas tenir une maifon affez opulente pour
y recevoir habituellement une compagnie
à leur choix. Elles font donc obligées de

rechercher celles qui peuvent en faire les frais, & c'eft communément dans la finance qu'on les trouve. L'orgueil compofe avec le plaifir & en fubit la loi. Quiconque donne un bon fouper, a une loge à l'opéra & aux autres fpectacles, eft en poffeffion de fe faire faire la cour, & d'avoir même des complaifantes de tout état.

Le goût pour la table ne regne pas à Rome comme à Paris ; ce qui n'empêche pas qu'on n'y puiffe faire des liaifons agréables dans les fociétés de la premiere claffe & de l'ordre mitoyen. Le féjour que j'y ai fait & les habitudes que j'y ai eues, m'ont confirmé ce que le préfident de Montefquieu m'en avoit dit : que Rome eût été une des villes où il fe feroit retiré le plus volontiers.

A l'égard du phyfique, les environs de Rome, quatre à cinq lieues à la ronde, font en friche & dévaftés prefque partout. Varron n'en loueroit pas aujourd'hui la culture. La campagne ne prévient donc pas favorablement pour la capitale. En effet, quant au peuple & à la petite bourgeoifie, tout décele la pauvreté, comme tout à Londres annonce l'opulence nationale, & à Paris le luxe particulier.

La Rome moderne ne rappelle l'ancienne que par des ruines, & la population préfente ne donneroit pas l'idée de

elle dont parlent les hiftoriens. Ce n'eft
pas que je croie qu'elle ait jamais été au
point qu'ils prétendent; il feroit même
aifé d'en prouver l'impoffibilité. Sans vouloir faire ici une differtation, il fuffiroit
de confidérer que l'enceinte actuelle de
Rome eft la même que fous Aurélien,
mort en 275, qui donna à cette ville la
plus grande étendue qu'elle ait eue. Elle
n'égale pas celle de Paris, dont le dia-
metre eft de cinq mille deux cents toifes,
de la barriere du Roule à celle du Trône
(plus de deux lieues); & Paris eft à-peu-
près rond. Il n'eft donc pas poffible que
Rome ait pu, dans les temps les plus
brillans, renfermer plus de cinq à fix cents
mille ames, fi l'on fait attention à l'efpace que devoient occuper les places publiques, les temples, les portiques, les
cirques, théâtres, amphithéâtres, les palais des empereurs, dont celui de Néron
faifoit, difent les mêmes auteurs, un tiers
de la ville. Denis d'Halicarnaffe, l. iv,
dit que Rome s'étoit tellement accrue,
qu'on ne favoit où finiffoit la ville & commençoit la campagne. On en peut dire
autant de Paris, en partant des barrieres,
qui joignent prefque les premiers villages. C'eft pourquoi les auteurs varient
fi fort fur l'étendue de Rome : les uns
lui donnant treize milles de circuit, &

d'autres jufqu'à cinquante milles. Il n'eft donc pas étonnant que ceux-ci y fuppofent des millions d'habitans ; ils y comprenoient fans doute le Latium en entier. On parleroit encore ainfi de Paris, fi l'on faifoit entrer dans le dénombrement les villes, bourgs & villages de dix à douze lieues à la ronde.

Cependant, quelque fuppofition qu'on pût faire fur la population & le nombre des citoyens romains, il n'eft guere poffible de croire ce qu'on lifoit fur la pierre d'Ancyre : que, fous le fixieme confulat d'Augufte, le dénombrement des citoyens romains montoit à quatre millions cent foixante-trois mille ; & que, fous l'empereur Claude, le nombre en fut encore augmenté & porté jufqu'à fix millions neuf cents foixante-quatre mille. Rapportons les termes même de Jufte Lipfe, tom. III, p. 387. Plantin. 1637. *Auguftus de fe in lapide Ancyrano hoc dicit : in confulatu fuo fixto luftrum condidiffe, quo luftro cenfita funt civium romanorum capita quadragies centum millia & fexaginta tria. Immanis herclé numerus.... at etiam crevit affidue, & fub Claudio imperatore, Tacitus ac fidi auctores accenfent fexagies novies centena fexaginta quator millia.*

La population de tout l'état eccléfiaf-

tique n'eſt aujourd'hui que de deux millions , ſuivant le tableau du gouvernement. Ceux qui portent le plus haut la
population de Rome, ne lui donnent pas
plus de cent ſoixante-dix mille ames ; &
nous avons en France quatre villes de
provinces qui en ont autant ou qui les
paſſent ; Lion, Nantes, Rouen & Marſeille. Je ne crois pas que Rome en ait
plus de cent vingt mille, en y comprenant les juifs & le concours des voyageurs, pélerins, &c. hors le temps d'un
grand jubilé, ou celui du couronnement
d'un pape. Les circonſtances font extrê-
mement varier la population d'une ville.
Celle de Rome n'étoit guere que de
trente mille, lorſque Grégoire XI y tranſ-
porta, en 1377, le ſiege que les papes
tenoient à Avignon depuis ſoixante-douze
ans. Léon X la porta à plus de quatre-
vingt mille ; & ſix ans après, ſous Clément VII , après le ſac de Rome , en
1527, on n'y comptoit pas trente-cinq
mille habitans. Une grande partie de ceux
d'aujourd'hui eſt compoſée de prêtres &
ſur-tout de moines & de religieuſes. Je
n'en fais pas abſolument le nombre ; mais
il doit être fort conſidérable, ſi l'on en
juge par ceux & celles de cette eſpece
qui ſont dans la ſeule ville de Naples.
Suivant le dénombrement qui en fut fait

& imprimé en 1766, il s'y trouva trois mille huit cents quarante-neuf prêtres, quatre mille neuf cents cinquante-un moines, & six mille huit cents cinquante religieuses. Il est vrai que Naples est trois fois plus peuplé que Rome; mais celle-ci, proportion gardée, abonde encore plus que Naples en pareilles colonies.

On n'en sera pas étonné, si l'on fait attention à l'espece de gens qui les recrutent. Les ordres mendians, les plus nombreux de tous, sont ordinairement composés de fils de paysans, d'artisans, &c. Il est naturel que des enfans destinés par leur naissance aux travaux & à la peine, cherchent à s'y soustraire & préferent une vie oisive qui leur procure de la considération & quelquefois du respect de la part de ceux à qui ils étoient originairement obligés d'en rendre. Le couvent des capucins en renferme trois cents, & l'on évalue à plus de mille le nombre des récollets, dont trois à quatre cents occupent le couvent d'Aracœli, jadis le temple de Jupiter Capitolin. Quelle métamorphose! Telle est la politique du pape. Il y a d'ailleurs peu de ces troupes dont malheureusement les autres princes n'ont que trop. Quelques-unes de ces places ont de foibles garnisons. A l'égard de l'état de sa maison militaire dans Rome, il est environ de quinze cents hommes ; une compagnie de cuiraffiers & une de chevaux-légers. L'infanterie confifte en un régiment de gardes Italiennes, un de gardes Avignonaifes, & une compagnie de gardes Suiffes. Ces troupes font bien entretenues, bien payées, & mal difciplinées. Les foldats ont douze fous par jour, & ne font ni cafernés ni en chambrée. La plupart font mariés, ont des métiers, & font faire leur fervice par d'autres à qui ils donnent une partie de leur paie.

Il y a une claffe du peuple de Rome qui fe prétend fort fupérieure aux autres ; ce font les Tranfteverins, c'eft-à-dire au-delà du Tibre du côté du Janicule, prefque tous jardiniers, vignerons ou gens de peine. Ils font perfuadés qu'ils defcendent des anciens Romains. Cette prétention eft affez chimérique dans une ville fi fouvent faccagée & envahie par les barbares. Mais comme l'opinion, vraie ou fauffe d'un peuple, forme fes fentimens, fait fa force, & qu'il peut quelquefois ce qu'il croit pouvoir, les Tranfteverins, plus courageux, plus forts par l'habitude du travail que le commun du peuple, ont fouvent fait des féditions, & obligé le gouvernement de compter avec eux. Quoiqu'on ne puiffe leur accorder l'antiquité qu'ils s'attribuent, on doit les re-

garder comme les plus anciens du peuple & de la bourgeoifie, où il y en a peu
dont l'aïeul foit né dans Rome. Il en eft
à-peu-près ainfi des grandes capitales, qui
font ordinairement les vampires d'un état,
comme il eft aifé de s'en convaincre à
Paris, dans quelqu'affemblée que ce foit,
en interrogeant ceux qui s'y trouvent fur
le lieu de leur naiffance.

S'il regne, comme je l'ai dit, tant de
frugalité chez les plus grands de Rome,
on peut juger que le peuple y vit affez
miférablement. Les pieces de théâtre des
différens peuples font une image affez
vraie de leurs mœurs. L'arlequin, valet,
& perfonnage principal des comédies italiennes, eft toujours repréfenté avec un
grand defir de manger, & qui part d'un
befoin habituel. Nos valets de comédie
font communément ivrognes, ce qui peut
fuppofer crapule, mais non pas mifere.
Sans vouloir rien conclure de cette obfervation, il eft fûr que le peuple vit très-
mal à Rome. Ce n'eft pas que les vivres
y foient chers; en 1765, 66 & 67, années de cherté & même de difette, le
pain ne valoit que 2 fols 4 deniers la livre de France, & vaut communément un
tiers & quelquefois moitié moins; puifque le bled, qui coûtoit alors 20 liv. le
feptier, n'avoit fouvent été que de 10,

11 ou 12. Mais tout eſt cher pour un peuple pauvre. On trouve à Rome du vin pour l'artiſan & le bourgeois, depuis 2, 4 & 8 ſols la pinte. Les droits ſur le vin ſont auſſi très-modérés. Le baril de 62 pintes ne paie en tout que 25 ſols, ce qui n'eſt que le huitieme des droits à Paris. Le vin eſt aſſez généralement mauvais en Italie, excepté en Toſcane, & à Naples, on ne ſait pas même le faire. Les plus paſſables de l'état eccléſiaſtique ſont ceux de Genzano & d'Orviette. Le peuple de Rome ne ſait pas grand uſage de vin; car pendant mon ſéjour je n'y ai pas vu un homme ivre. La viande y coûte un tiers de moins qu'à Paris, & les légumes ſont bons & en abondance. Le bois eſt beaucoup moins cher qu'à Paris; & comme je l'ai dit, on en brûle peu. Le ſel eſt à 2 ſols la livre.

Je ne ſuis entré dans ce détail que pour montrer que la vie n'eſt pas chere à Rome pour quelqu'un de domicilié; & comme les poids ni les meſures n'y ſont pas les mêmes qu'à Paris, j'ai réduit le tout à nos poids, meſures, & à la valeur numérique de nos monnoies.

L'écu romain peſe ſix gros & demi, trente grains poids de France, & vaut 5 liv. 4 ſ.   d. prix fixé au change des monnoies. Il vaut 5 liv. 6 ſ. 9 d. dans le commerce des matieres d'or & d'argent. Il eft au titre de l'écu de France, c'eft-à-dire, à onze deniers de fin ou un douzieme d'alliage, à cette différence près, qu'à Rome le remede de loi eft en-dehors, au-lieu qu'en France il eft en-dedans.

Le fequin romain eft au titre de 23 karas $\frac{20}{32}$, & pefe un demi gros 28 grains du marc de France. Son prix eft au change de la monnoie de 10 liv. 8 f. 11 d., & dans le commerce de 10 liv. 14 f. 5 d.

Les effais de ces différentes monnoies ont été faits par M Tillet, l'homme le plus exact & le plus inftruit de ces matieres. A l'égard des poids, la livre romaine eft de 12 onces, l'once de 24 deniers, & le denier de 24 grains. Total 6912 grains. La livre romaine eft donc à celle de France dans le rapport à-peu-près de 25 à 36.

On fait la paffion que les Romains avoient pour les fpectacles, & que le peuple, fur-tout, depuis la perte de fa liberté & de fes vertus, ne defiroit que *panem & circenfes*, du pain & des fpectacles. Les Italiens modernes diroient *circenfes & panem*, des fpectacles d'abord. Ils, commencent à Rome le lendemain des rois, jour de l'ouverture du carnaval, & de huit théâtres où l'affluence du peuple

eſt toujours la même. Ils ne durent pas
toute l'année ; ils ſont remplacés par des
ſpectacles d'un autre genre, des procef-
ſions, des *oratorio* dans les égliſes. Il n'y
a point de jour où il n'y ait quelques fêtes qui attirent la foule des fainéans, premiere profeſſion de cette ville. Je ſuis
étonné que les Italiens, ayant autant cultivé la muſique qu'ils l'ont fait, n'en aient
pas imaginé une propre pour l'égliſe ; car
celle-ci & la muſique du théâtre ſont du
même caractere.

Il y a dans les théâtres d'Italie des places à un prix aſſez bas pour que le peuple
y puiſſe entrer. Cependant les entrepreneurs paient très-cher les voix rares,
ſoit de femmes, ſoit de caſtrats. La fa-
meuſe Gabrieli avoit à Naples deux mille
ſequins pour le carnaval. Il eſt vrai que
les ſujets ordinaires coûtent peu, & que
l'affluence des ſpectateurs ne ceſſant point,
les entrepreneurs y gagnent ſuffiſamment.

La paſſion pour la muſique eſt telle que
les gens aſſez aiſés pour ſe ſatisfaire à cet
égard courent d'un bout de l'Italie à l'autre, pour entendre un chanteur ou une
cantatrice célebre. Les ballets des opéras,
les danſeurs ſont au-deſſous du médiocre.
La danſe noble ne ſeroit pas goûtée en
Italie, la groteſque eſt celle qui leur plaît.

Aucune femme à Rome ne monte ſur

le théâtre, & il en étoit ainſi chez les Romains. Les rôles de femmes ſont joués par des hommes. J'ai vu des femmes par-tout ailleurs ſur les théâtres de l'Italie. Mais ce qui m'a toujours choqué, c'étoit d'y voir des caſtrats jouer des héros tels qu'Alexandre, Céſar, &c.

La promenade n'eſt pas un des plaiſirs du peuple de Rome, il ne pourroit pas ſe le procurer comme à Paris dans des jardins publics de la ville, & ce feroit un voyage que d'aller hors des murs.

L'enceinte de Rome eſt la même que du temps d'Aurélien, ce ſont encore les murailles que releva Béliſaire. La partie de la ville habitée eſt à peine aujourd'hui d'un tiers du total; le reſte eſt en vignes, en champs, en jardins fermés où l'on n'entre qu'en payant. Cela feroit ou impoſſible ou très-onéreux au peuple; & c'eſt un avantage pour les étrangers qui peuvent ſatisfaire leur curioſité à prix d'argent, ſans être obligés de voir ou faire ſolliciter les maîtres, dont la plupart ne donnent guere d'autres gages à leurs concierges. La ville Medicis appartenante à l'empereur, & occupée par ſon miniſtre, eſt la ſeule qui ſoit gratuitement ouverte au public; & faute d'habitude de la part des habitans, je n'y ai trouvé que des étrangers. On ne voit point dans les

fauxbourgs ni hors des murs ces guin-
guettes où nos artifans & le bas peuple
vont oublier leurs travaux, & fe livrer à
une joie franche, fans fouci pour le lendemain.

Les campagnes, les jardins de la partie
méridionale de l'Italie, n'ont ni ne peuvent avoir l'agrément des nôtres. L'ar-
deur du foleil gréfilleroit bientôt les feuil-
les de nos arbres ordinaires, & leur feroit perdre ce verd tendre, frais, fi
agréable à la vue, & qui, de temps en
temps rafraichi par des pluies, fe foutient dans nos climats pendant plus de
fix mois avec plus ou moins d'éclat. On
ne voit guere dans le midi de l'Italie
que des chênes verds, des cyprès, des
ifs, des oliviers d'un verd noir ou très-
foncé, qui n'offrent point l'image de la
jeuneffe de l'année. Ainfi, quoiqu'en difent les admirateurs décidés de l'Italie,
nos campagnes font plus riantes que les
leurs. Je n'en dirois pas autant de celles
d'Angleterre, fi le prime-vert ne s'y fou-
tenoit pas aux dépens de plus de brouil-
lards, & d'une humidité plus continue
qu'en France. Voyageons un peu, nous
ferons bien ; revenons vivre chez nous
avec un peu d'aifance, nous ferons encore mieux.

Un afpect affez défagréable dans la po-

pulation de Rome, eſt cette multitude
de mendians qu'on y rencontre à chaque pas. Je n'imaginois pas qu'il fut poſſible d'en trouver ailleurs qu'à Paris, où,
ſuivant le calcul le plus modéré, on en
compte plus de vingt mille. Mais en y
faiſant attention, je compris que cela
étoit dans la regle. La mendicité doit
principalement régner dans les pays catholiques, & ſur-tout au centre de la catholicité. Dans quelque état que ce ſoit,
la mendicité eſt un défaut de police, mais
elle ne peut être regardée comme un vice
mépriſable par-tout où il y a des ordres
honorés qui ſont mendians par inſtitution.
Il eſt naturel qu'une canaille qui n'a pu,
ou n'a pas voulu prendre dans ces ordres
un brevet de mendiant qui impoſe d'autres devoirs gênans, ait cru pouvoir en
exercer l'emploi comme volontaire dans
cette armée.

Il n'y a pas à Rome un pauvre qui n'y
vive aiſément, même dans un temps de
diſette. Un gueux un peu alerte peut
trouver dans ſa journée trois ou quatre
ſoupes aux portes des couvens & autres ; participer à autant & plus de diſ-
tributions de pagnotes ; de ſorte que pluſieurs en revendent, & tous l'un dans l'autre en recueillent deux paoles par jour.
Cette contribution ſe leve communément

fur les moins aifés des citoyens. Le peuple eft par-tout naturellement charitable,
parce que la compaffion, bien ou mal entendue, eft principalement dans le cœur
de ceux qui fouffrent eux-mêmes. Les
grands à Rome répandent auffi beaucoup
d'aumônes, aliment de l'oifiveté & poi-
fon de l'induftrie. Quelques-uns en font
une partie de leur luxe. Ce feroit un
grand bien, fi l'application en étoit plus
raifonnée; fi ces aumônes n'étoient qu'un
aide, un encouragement, une récompenfe
du travail; s'ils favoient enfin combien la
charité qu'on appelle aumône differe de
la charité bien entendue.

Il y a très-peu de claffe moyenne à
Rome; c'eft-à-dire, de cette bourgeoifie
d'une fortune honnête fans opulence, &
qui, avec un patrimoine foutenu de commerce & d'induftrie, vit fans fafte & fans
inquiétude, telle enfin qu'on en voit dans
Paris & dans prefque toutes nos villes.

On n'a pas à Rome la commodité des
carroffes de place, qu'on trouve non-
feulement à Paris, mais dans plufieurs
villes de France. Ils ne fe foutiendroient
pas à Rome, attendu qu'il n'y a pas affez
de bourgeoifie aifée pour en faire un
ufage fréquent. Les carroffes de louage
ou de remife n'y font même guere employés que par les étrangers.

Le bas peuple eſt également lâche & cruel. Les aſſaſſinats n'y ſont pas rares. La plupart des querelles s'y terminent par des coups de couteau, & un homme l'épée à la main écarteroit une foule de cette canaille d'aſſaſſins. Ce n'eſt pas faute de loix. Elles ſont à Rome, à certains égards, plus ſéveres qu'ailleurs; mais preſque toujours ſans exécution, ou mal appliquées. Par exemple, il eſt défendu, ſous peine de mort, de porter des couteaux à gaines, regardés comme poignards; & celui qui en a frappé ou tué quelqu'un, en eſt quitte pour les galeres; encore faut-il qu'il ſoit ſans protection, car il y a des aſſaſſins impunis. Quelquefois un vol léger eſt puni de l'eſtrapade, & pluſieurs en demeurent eſtropiés pour la vie; de ſorte qu'un voleur eſt ſouvent plus malheureux qu'un aſſaſſin. Cela vient peut-être du peu d'intérêt qu'on prend à Rome à un homme tué, au-lieu que le volé y pourſuit le voleur. Il n'y a point de pays où l'argent n'ait une grande faveur; mais il me paroît encore plus révéré chez un peuple qui en a peu, qui en deſire beaucoup, & qui de jour en jour en voit diminuer la maſſe. De ſorte que dans peu d'années on ne verra d'or & d'argent dans Rome, que ce que les voyageurs en portent dans la poche; car leurs ſortes dépenfes fe paient en lettres - de - change.

Pour entendre ceci, il faut que j'expofe de quelle maniere les chofes en font venues au point où elles font actuellement.

Sixte V, qui étoit monté en ferpent fur le trône pontifical, voulut y régner en prince abfolu. Quoique la féparation des proteftans d'avec Rome, dût rendre les papes plus circonfpects qu'auparavant avec les états catholiques-romains, ils y confervoient encore beaucoup d'influence. Mais il falloit, pour fe foutenir ailleurs, commencer par être maître chez foi ; & Sixte voulut détruire ou concilier les factions qui partageoient Rome.

Deux puiffantes familles, les Colonnes & les Urfins, étoient ennemies l'une de l'autre ; cherchoient réciproquement à fe détruire, & toute la nobleffe fuivoit le parti de l'une ou de l'autre. Cette diffention caufoit des troubles dans Rome. Sixte V entreprit de les calmer, de les prévenir pour la fuite, & d'affurer de plus en plus fon autorité, en réuniffant & s'attachant lés Urfins & les Colonnes. Il avoit deux petites-nieces petites-filles de fa fœur. Il maria l'une à l'aîné de la maifon Colonne, & l'autre à l'aîné de la maifon Urfine. Il déclara en même-temps que les aînés de ces deux maifons feroient toujours princes *del Soglio*, du trône ;

c'eſt-à-dire, que les papes tenant chapelle, un de ces deux princes alternativement ſeroit aſſis ſur un tabouret auprès
du trône ; ce qui ſubſiſte encore aujour-
d'hui. Par-là, Sixte, en accordant à ces
deux maiſons une ſupériorité ſur les autres, affoiblit réellement leur puiſſance.
Ces princes ou barons romains, qui juſ-
ques-là s'étoient regardés comme égaux
de rang aux Urſins & aux Colonnes, s'en
détacherent par jalouſie. Sixte V ayant,
ſuivant la maxime de Tibere, diviſé pour
régner, imagina, pour mettre toute la
nobleſſe & les familles opulentes dans ſa
dépendance, de ſe rendre maître de l'or
& de l'argent des citoyens, par l'appât
qu'il leur préſenta. Pour cet effet, il créa
les *lieux de Mont*, qui répondent à nos
rentes ſur la ville. Ils étoient d'abord à
5 pour 100 ; & par les réductions qu'é-
prouvent ces ſortes d'effets, ils ſont aujourd'hui à moins de 3 pour cent. Mais
le coup déciſif de Sixte V, pour garder
l'argent, fut qu'au-lieu de payer les intérêts en eſpeces, on ne les paya qu'en
papier, qui avoit & continue d'avoir
cours comme monnoie, que l'état reçoit
& donne en payement.

L'or & l'argent fut renfermé au château Saint-Ange, & c'eſt ce qu'on nomme le tréſor de Sixte V. Il étoit origi-

nairement . de cinq millions d'écus romains , faifant de notre monnoie actuelle de France, en 1767, 26 millions
104 mille 166 liv. 13 f. 4 d., l'écu évalué à 5 liv. 4 f. 5 deniers, titre & poids
de France.

Je donnerai un état abrégé des revenus & des dépenfes des papes , & de ce
qui concerne fes finances.

On voit que le fyftême économique de
Sixte V, a pu lui être perfonnellement
avantageux, mais qu'il a été pernicieux
à Rome, & par conféquent à fes fucceffeurs. Des rentiers peuvent être une reffource paffagere dans un état. Mais fi l'on
ne s'empreffe d'éteindre leurs créances en
les rembourfant, ils deviennent un ver
rongeur dans ce même état qui, tôt ou
tard, périt ou les fait périr eux - mêmes
par une banqueroute. Si l'argent, au-lieu
d'être un fond mort au château Saint-
Ange, eût circulé, les terres des environs de Rome auroient été cultivées ;
au-lieu que les richeffes réelles fe font
évanouies, l'argent y devient de jour en
jour plus rare, & la caufe en eft éviden-
te. Tout état qui a befoin de productions
étrangeres ne peut fe les procurer qu'en
argent ou par l'échange du fuperflu des
fiennes : or, dans l'état eccléfiaftique, l'exportation eft fort inférieure à l'importa-

tion; la balance du commerce eſt donc contre Rome en faveur de pluſieurs états qui lui fourniſſent plus qu'ils n'en tirent. Par exemple, la France ne doit pas à Rome un million en bulles, annates, diſpenſes, &c. en dépenſes d'ambaſſa- deurs, de l'auditeur de Rote, en abbayes à quelques Italiens, & pour les produc- tions que nous tirons : or, la France en fournit pour près de trois millions ; l'ex- cédent doit donc être ſoldé par Rome en argent qu'elle tire d'autres états catholi- ques, tels que l'Allemagne ou la Polo- gne, qui ne lui portent que peu ou point de productions Cette reſſource n'eſt pas toujours ſuffiſante, & il y a des calami- tés qui obligent les papes de recourir au tréſor de Sixte V. Clément XIII, y a déja puiſé trois fois dans des années de diſette, pour faire venir des bleds, ſans quoi une partie du peuple ſeroit morte de faim.

On remplace quelquefois une portion de ce qu'on y a pris ; mais jamais en to- tal. Ainſi on eſtime que ce tréſor, origi- nairement de 26 à 27 millions de notre monnoie, eſt à peine aujourd'hui de ſix à ſept.

Benoît XIV n'y donna point d'attein- te ; mais le marché, quoique mauvais en ſoi, qu'il fit avec l'Eſpagne, lui procura pour le moment, des reſſources que n'a pas eues ſon ſucceſſeur. Quoi qu'il en ſoit, le gouvernement & l'adminiſtration économiques de Rome ont tant de vices, que ſi l'on ne les réforme, cet état ne ſubſiſtera pas encore long - temps, du moins tel qu'il eſt.

Le deſir de l'argent n'y eſt pas comme chez les riches avares, la ſoif de l'hydropique, mais celle de l'homme épuiſé. Auſſi n'y a-t-il rien qu'on n'y obtînt à prix d'argent, & l'on pourroit encore dire de la Rome moderne, ce que Jugurtha diſoit de l'ancienne : *Urbem venalem & maturè perituram, ſi emptorem invenerit.*

Il paſſe pour conſtant que Rezzonico, riche banquier, procura le chapeau de cardinal à ſon ſecond fils, aujourd'hui pape, (Clément XIII) moyennant cent mille écus qu'il donna au cardinal Neri Corſini, neveu de Clément XII. Je ſuis perſuadé qu'avec trois millions répandus avec intelligence, on feroit pape un janſéniſte, en achetant les voix de ceux des cardinaux qui ne pourroient pas prétendre à la tiare pour eux-mêmes.

Après m'être à-peu-près ſatisfait ſur le matériel de Rome; après en avoir obſervé les mœurs & le régime, il ne falloit pas, comme le proverbe le dit, de ceux qui négligent ce qu'il y a de plus curieux, aller à Rome fans voir le pape. Pour moi, qui ne le jugeois pas l'objet le plus important de mon voyage, j'avois déja passé un mois dans fa capitale, fans penfer à lui aller baifer la mule. Je le rencontrois fouvent avec fon cortege, allant aux prieres de quarante heures, qui fe font tous les jours de l'année fucceffivement dans quelqu'églife. Cependant tous les François connus s'y étant fait préfenter, je crus qu'il y auroit de la fingularité à ne le pas faire; d'autant que je fus que quelques cardinaux lui avoient parlé de moi ; & j'étois curieux de voir comment il recevroit un auteur noté à l'index. Je fit part de mon deffein à M. d'Aubeterie, notre ambaffadeur , qui le jour même envoya fon maître de chambre demander pour moi une audience. Le pape la donna pour le lendemain.

. Je m'y rendis ; & après avoir, fuivant l'étiquette , quitté mon chapeau & mon épée, je fus introduit par un prélat, *monfignor* Borghefe. Je fis les trois génuflexions & baifai la mule du pontife, qui me fit relever auffi-tôt, & engagea la converfation. Il me fit d'abord des queftions fur les motifs de mon voyage, me parla avec beaucoup d'eftime du cardinal de Bernis, avec qui il favoit, me dit-il, que j'étois fort lié. Je répondis à tout ce qu'il me demandoit, & me mis avec sa sainteté aussi à l'aise qu'il est possible, sans sortir du respect qui lui est dû. Il me demanda, entr'autres choses, si je ne comptois pas faire imprimer des morceaux du regne présent. *Vostra santita*, lui répondis-je, *non voglio m'avvilire ne perdere.* Votre sainteté, ajoutai-je en François, me conseilleroit-elle de faire lire par mes contemporains des vérités qui ne plairoient pas à tous? *E péricoloso*, dit le pape. J'observerai que je lui parlai d'abord en Italien ; mais l'entendant mieux que je ne le parle, je me servis du François quand il m'étoit plus commode ; & pour m'y autoriser, je dis au pape : je sais que votre sainteté entend parfaitement le François, & j'espere qu'elle trouvera bon que le secretaire de l'académie Françoise parle quelquefois sa langue. Oui, dit-il, en me parlant lentement. Je me servis donc indifféremment des deux langues. Il m'avoit déja donné une demi-heure d'audience, lorsque je lui dis : saint pere, pour ne pas abuser des bontés de votre sainteté, je vais en prendre congé ; mais je la supplie auparavant de me donner sa bénédiction paternelle. *Aspetta*, me dit le pape ; & sur un signe qu'il fit à un prélat, celui-ci entra dans un cabinet, d'où

il

il revint le moment d'après, portant fur
une foucoupe un chapelet d'une dixaine,
d'où pendoit une médaille d'or qu'il préfenta au faint pere, qui le prit & me le
donna. En le recevant de fa main, je pris
la liberté de la lui baifer, ce qui le fit
fourire, & je vis que les affiftans fou-
rioient auffi. Quand je fus forti, je de-
mandai le motif de cette petite gaieté au
prélat qui me conduifoit. Il me dit devant les officiers de l'anti-chambre, que
je m'étois attribué un privilege réfervé
aux cardinaux, qui ont feuls celui de baifer la main du pape, & s'oppoferent au
deffein que Benoît XIII (Urfini) avoit
de l'accorder aux évêques. Comme mon
entreprife cardinalifte devint le fujet de
la plaifanterie, je leur dis que fi une jolie
femme m'avoit préfenté quelque chofe,
je lui aurois baifé la main en le recevant,
& qu'un vieux pontife ne devoit pas trouver mauvais qu'on le traitât comme une
jolie femme. On en rit beaucoup, & je
crois qu'on le redit au pape.

Deux jours après ma préfentation, je
partis le famedi 7 février pour Naples par
le *procaccio*, & j'y arrivai le mercredi
11 vers quatre heures du foir. La diftance
de Rome à Naples eft de cent cinquante
milles, qui font au moins cinquante lieues
de France ; & cette route très-fréquen-

tée eſt, à tous égards, pour les voitures, les cavaliers & les gens de pied, la moins praticable qu'il y ait en Europe, ſur-tout quelques milles avant Piperno, & de là juſques à Capoue ; car de Capoue à Naples le chemin eſt aſſez beau. On m'a dit que depuis mon retour d'Italie le chemin avoit été refait pour le paſſage de la reine de Naples, & qu'il eſt aujourd'hui très-beau. Mais comme cette princeſſe n'avoit rien de commun avec les auberges, elles ſont reſtées dans le même état. Les vivres & la ſaleté des chambres, des lits, &c. l'emportent encore ſur les autres de l'Italie ; c'eſt tout dire.

Le procaccio eſt un meſſager qui part tous les ſamedis de Rome pour Naples, & de Naples pour Rome ; de ſorte que les deux meſſageries ſe croiſent & ſe trouvent enſemble à la dînée de Terracine. Chaque journée eſt de trente milles ou dix-huit lieues, qui ne ſe font pas en moins de douze heures, en partant à quatre heures du matin ; ainſi on arrive de grand jour à la couchée, en hyver même, attendu la latitude. Les voitures que fournit le procaccio ſont des eſpeces de cabriolets à deux, ne fermant qu'avec des rideaux de cuir, & derriere leſquels on peut placer deux malles & un porte-manteau, ou même un valet.

Le marché qu'on fait porte que le voyageur fera défrayé du fouper & du coucher. On ne prend cette précaution que pour s'affurer du gîte, car le fouper n'eft pas tentant. A l'égard du dîner, c'eft l'affaire du voyageur. J'étois heureufement muni de provifions & de vin, & je quittois volontiers le procaccio de fa bonne chere, dont je ne fis nul ufage. Il faut auffi porter un couvert, car on ne trouve que des cuilliers & des fourchettes de cuivre. On pourroit du moins, quand elles font de fer, les nettoyer en les paffant au feu.

L'ufage en France eft de donner des arrhes pour les places dans les voitures publiques; en Italie ce font les voituriers qui font obligés d'en donner à ceux qui les arrêtent. Mon deffein étoit d'abord de prendre une chaife de pofte; mais M. d'Aubeterre, notre ambaffadeur, m'en détourna, en me prévenant que les routes n'étoient pas fûres, & que s'il ne voyageoit pas avec un nombreux domeftique, il fe ferviroit lui - même du procaccio. Nous trouvâmes en effet, en traverfant un bois, entre Terracine & Fondi, un voyageur qui venoit d'être volé & bleffé, qu'on tranfporta à Fondi. Nous n'avions pas à craindre pareille aventure ; nous marchions avec neuf ou dix chaifes, &

notre caravanne étoit au moins de trente
perfonnes, maîtres & valets. Cela n'empêchoit pas qu'à trois quarts de lieue en
avant des gîtes, deux sbirres en guenilles,
armés de fufils & de piftolets de ceintu-
re, & prêts à fuir devant des brigands à
nombre égal, ne vinffent nous offrir leur
efcorte, & nous fuivoient à pied pour
obtenir quelques paoles qu'on leur donne, & qu'ils ne méritent pas. Ce font la
plupart de plus grands marauds que ceux
qu'ils font chargés de pourfuivre. J'ai eu
la preuve de leur brigandage & de leur
vexation avec des voyageurs à qui ils pouvoient infpirer de la crainte.

Arrivé à Naples, voici ce que j'ai recueilli, pendant mon féjour, de notions
générales fur ce royaume. Sa longueur
eft de 350 milles, fa largeur de 100 milles,
fon circuit de 1425 milles & de 400 milles de côtes fur la méditerranée & l'adriatique. Les tables de la population faites
en 1766 la portent à 3,953,090 ames.
La Sicile en renferme environ trois millions. On compte dans le royaume de Naples 109585 prêtres, moines & religieufes,

archevêques,	22	
évêques,	116	
prêtres,	55942	109585.
moines,	30677	
religieufes,	22828	

Ces célibataires font donc dans la proportion d'un fur trente-fix à trente-fept,
& l'on eftime qu'en France elle eft d'un
fur cent huit : ainfi cette efpece de célibataires du royaume de Naples feroit à
celle de France comme trois à un. Si l'on
ne confidere pas la feule ville de Naples,
dont la population eft, fuivant les mêmes
tables, de 337.095 habitans, les perfonnes vouées à l'églife font d'un à vingt-
deux, encore dit-on qu'il y a eu des omif-
fions faites à deffein. Quoi qu'il en foit,
les tables portent,

    3849 prêtres,
    4951 moines,   } 15650.
    6850 religieufes,

Le royaume de Naples & celui de Sicile
rapportent au roi quarante millions de livres de France, dont vingt à vingt-deux
millions font engagés ; de forte qu'il n'en
refte pas vingt pour les dépenfes. Le roi
entretient trente-fix régimens d'infanterie
& neuf de cavalerie ou dragons, faifant
en tout environ vingt-fept mille hommes.
Sa petite marine eft de deux vaiffeaux de
guerre, quatre frégates & quatre galeres.
    Quand on confidere la fituation du
royaume de Naples, la fécondité du fol,
la force de la végétation, ce qu'on en
peut tirer en bleds, vins, huiles, foies,
laines & fruits ; & quand d'un autre côté

on y trouve ſi peu de manufactures &
de commerce, on eſt obligé de ſuppoſer
que l'adminiſtration ou la conſtitution de
cet état eſt vicieuſe. Il paroît que l'une
& l'autre le ſont. Les biens offerts par la
nature ne peuvent être altérés que par
des cauſes morales, & il y en a pluſieurs
qui s'oppoſent à la proſpérité du royaume
de Naples. La multitude des gens d'égliſe
détruit la population, l'énormité des impôts étouffe l'induſtrie & le commerce.
Toutes les productions du pays ſont char-
gées de droit de ſortie, & les ſoies ma-
nufacturées paient juſqu'à 25 pour $\frac{o}{o}$ en
paſſant à l'étranger, & même de Province
à Province. La multiplicité des fêtes,
des confréries, des proceſſions, &c. entretient la pareſſe du peuple le plus vif
& le plus ennemi du travail; il n'a qu'une
activité purement machinale.

Preſque tout le royaume n'eſt compoſé
que de grands fiefs & de terres titrées.
On y compte ſoixante principautés; cent
duchés, autant de marquiſats, ſoixante-
dix comtés & plus de mille barons ou
baronnets. Cette diſtribution n'eſt nulle-
ment favorable à la culture. Les propriétaires ne doivent pas prendre un grand
intérêt à l'amélioration de leurs fiefs dont
le roi hérite, faute d'hoirs au-delà du
troiſieme degré. Ils ne peuvent par con-

féquent les aliéner, il ne leur eſt pas même permis de ſortir du royaume ſans congé
limité ; ils ſont donc en effet des eſpeces
de ſerfs *addicti glebæ*. Lorſque les fiefs
tombent ſous la main du roi, ils n'en ſont
que plus mal adminiſtrés. On ſait quel
eſt ailleurs le ſort des domaines du prince.
Il n'en eſt pas en Sicile comme dans le
royaume de Naples. Si les ſeigneurs Napolitains ne doivent pas être fort attachés
à des poſſeſſions précaires, les cultivateurs
le ſont encore moins, puiſqu'ils ne peuvent diſpoſer du fruit de leurs travaux.
On voit ailleurs des réglemens abſurdes
ſur le commerce des grains ; mais à Naples, le miniſtere eſt en effet le ſeul marchand de bled ; & la plupart des impôts
ſe portent ſur les conſommations, par
conſéquent ſur le peuple, occaſion pro-
chaine de révolte de la part des malheureux qui n'ont rien à perdre. Celle de
Mazaniello vint en 1647, d'un impôt ſur
les fruits & les herbages, nourriture commune de ce peuple. Voilà une partie des
cauſes du peu de proſpérité d'un état dont
le ſol ſeroit ſi fécond, & dont la poſition
eſt ſi favorable au commerce. La marque la plus ſûre d'un mauvais gouvernement eſt de voir les hommes naturellement attachés au-lieu de leur naiſſance,
le déſerter, pour ſe réfugier dans les vil-

les, ou fe rapprocher de la capitale. L'état Napolitain en offre un exemple frappant.

Quelque prévenu que je fuſſe de la population de Naples, j'en fus frappé en y entrant. C'eſt la ville la plus peuplée de l'Europe relativement à ſon étendue, & qui le paroît encore plus par la multitude de *lazaroni*, de gueux ſans profeſſion fixe, dont un grand nombre n'a d'autre habitation que les rues & les places. On voit par toute la ville le même mouvement que dans la rue Saint-Honoré à Paris ; & il étoit encore augmenté par l'affluence des étrangers que le carnaval attiroit dans une année où il n'y en avoit point à Rome. Les hôtels garnis & les auberges ne ſuffiſant pas à la quantité d'étrangers qui affluoient à Naples, j'en ai vu, d'aſſez diſtingués, obligés de loger chez des artiſans, dans des rues étroites & obſcures où les carroſſes n'abordoient qu'avec peine. N'étant pas arrivé des premiers, j'aurois été fort embarraſſé où loger, ſi je n'avois pas eu le bonheur de trouver Myladi Orfort, bru du célebre Robert Walpool, qui, prévenue de mon arrivée, voulut abſolument me donner un appartement chez elle. Je l'avois connue à Paris douze ans auparavant chez la comteſſe de Graffigny, auteur des let-

tres péruviennes & de Cénie. Elle paſſoit
alors d'Italie en Angleterre pour y régler
quelques affaires, & il y avoit déja pluſieurs années qu'elle s'étoit retirée à Florence. A ſon retour d'Angleterre, elle
retourna en Italie, dont la température
l'avoit engagée à s'y fixer; & lorſque j'allai à Naples, dont le climat eſt beaucoup
plus chaud que celui de Florence, elle
s'y étoit établie depuis cinq ou ſix ans.
J'avois été aſſez heureux pour lui rendre
à Paris un très-léger ſervice. Auſſi-tôt
qu'elle me ſut à Rome, elle m'écrivit les
lettres les plus preſſantes, & chargea de
plus le cardinal Piccolomini, ſon ami, de
me chercher, & d'exiger ma parole de
ne point loger ailleurs que chez elle à
Naples.

Quelque répugnance que j'aie toujours
eue à prendre en voyage d'autre logement que la chambre garnie, la difficulté
d'en trouver alors, & les inſtances de
Myladi Orfort me firent accepter ſes offres.
Son hôtel eſt à Pezzofalconé, le lieu de
Naples le plus élevé. Elle m'y donna un
appartement de la plus grande propreté
angloiſe, avec toutes les commodités de
recherche. L'uſage des maîtres à Naples
eſt d'occuper l'étage le plus haut, pour
être moins incommodés du bruit & du
ſervice des écuries. On eſt encore par-là

à portée des terrasses qui forment tous les toits, & d'y aller respirer l'air frais une partie de la nuit, dans la saison des grandes chaleurs, qui doivent durer long-temps, si j'en juge par la température de ce climat en plein hyver. J'ai vu, dès le premier jour de mars, des enfans absolument nuds courir sur le bord de la mer. Cette ville, bâtie en amphithéâtre autour du golfe, offre le plus bel aspect qu'il y ait dans l'univers. Je doute que Constantinople l'emporte à cet égard sur Naples. J'en découvrois de mes fenêtres toute l'étendue avec celle de la mer, & en perspective le Vésuve à l'orient, & le Pausilipe au couchant. Je voyois le volcan étinceler la nuit, & pousser continuellement pendant le jour une épaisse colonne de fumée.

Ce fut par événement un bonheur pour moi d'être logé chez Myladi Orfort. Au bout de dix ou douze jours j'éprouvai ce que j'avois lu dans le voyage de Grosley ou *des deux Suédois*, l'effet de l'air de Naples sur ceux qui n'y sont pas habitués. L'athmosphere est si imprégnée de soufre par le voisinage du Vésuve & de la Solfatare, qu'on le respire avec l'air; je m'en trouvai si incommodé, que le docteur Thiéri, médecin de l'impératrice-reine, qui faisoit en Italie des expériences fur des eaux minérales, & dont j'étois connu, vint me voir & me força de me faire faigner. Sans être réduit à m'aliter, je ne jouis point pendant le refte de mon féjour à Naples de ma fanté ordinaire. Le chagrin que me caufa la mort de ma mere, que j'appris en même-temps, aggrava encore mon indifpofition. Quoiqu'elle fût dans fa cent-deuxieme année, je l'avois laiffée en fi bon état que je me flattois de la conferver encore long-temps. On ne pouvoit en effet attribuer fa mort à fon âge, puifqu'elle mourut d'une fievre inflammatoire de vingt-trois jours avec des redoublemens. Mes amis de Paris connoiffant ma tendreffe pour elle, & ne voulant pas troubler le plaifir qu'ils me fuppofoient dans mon voyage, fe concerterent avec ma famille, & empêcherent qu'on annonçât la mort de ma mere dans la gazette de France; mais je l'appris par celle d'Avignon, & par d'autres papiers publics. J'en reffentis la douleur qu'on doit éprouver en perdant la feule perfonne dont on puiffe être fûr d'être aimé. A mon chagrin fe joignoit le dépit de n'avoir pu aller cette année en Bretagne jouir du plaifir d'y voir ma famille & de paffer auprès de ma mere des momens qui me devenoient de jour en jour plus précieux, à mefure qu'elle avançoit en âge. J'avois l'année précédente été rappellé d'auprès d'elle par une lettre du miniftre, attendu que j'étois accufé de ne pas applaudir à la tyrannie qui s'exerçoit dans la Province. Il eft vrai que je m'étois quelquefois expliqué en vrai patriote, en fidele fujet, & c'étoit alors un crime.

Avant que je me trouvaffe incommodé de l'air de Naples, j'en avois déja vu tout ce qu'il y a de curieux ou donné pour tel. Le jour même que j'arrivai, j'allai à l'opéra au théâtre de Saint-Charles, parce que le roi y étoit, & que lorfqu'il y vient, toutes les loges font éclairées, chacune de deux flambeaux de cire blanche, indépendamment des bougies qui font toujours dans l'intérieur des loges. On vante beaucoup les falles de fpectacle de l'Italie, & celle de Saint-Charles eft une des plus renommées ; cependant les fix rangs de loges dont le devant contient à peine trois perfonnes de front, reffemblent par leur multiplicité à des boulins de colombier. Elles s'élargiffent un peu vers la porte, où l'enceinte extérieure d'une forme circulaire, a plus d'étendue que l'intérieure, & font affez profondes, pour contenir en tout huit ou dix perfonnes fur des chaifes. On y prend des glaces & l'on fait la converfation pendant l'opéra qui dure quatre

ou cinq heures, fans qu'on y faſſe attention, excepté à trois ou quatre ariettes.
Auſſi quand les plus grands amateurs me
demanderent ce que je penſois de l'o-
péra, je répondis qu'il m'intéreſſoit autant qu'eux, puiſque ni eux ni moi ne
l'écoutions. Auſſi fait-on des viſites d'une
loge à l'autre pendant le ſpectacle, &
j'en uſois ainſi. Je connoiſſois tous les
miniſtres étrangers, ſoit pour en avoir
vu pluſieurs à Paris, ſoit pour m'être
trouvé à dîner avec eux dès les premiers
jours de mon arrivée à Naples. J'avois
été invité aux bals de la nobleſſe, & préſenté aux principales perſonnes de cet
ordre. J'aurois donc été fort répandu, ſi
ç'eût été mon goût; mais je me bornois
à vivre chez myladi Orfort, le comte de
Kaunitz, miniſtre de l'empereur, & M.
Hamilton, miniſtre d'Angleterre. Je voyois
circuler dans ces trois maiſons tout ce
qu'il y avoit dans Naples de gens qui
méritoient le plus d'être connus ; & comme je les rencontrois à l'opéra, je leur
faiſois des viſites dans leurs loges. Je
n'aurois pu ſans cette diſtraction ſuppor-
ter l'ennui de l'opéra. Je n'ai garde de
prendre parti dans la diſpute ſur la préférence de la muſique françoiſe ou italienne : j'ai vu cette querelle auſſi vive
que ſi elle eût été de religion. Pour moi

ami des chefs des deux sectes, & très-sensible à la musique, je me suis borné au plaisir que l'une & l'autre m'ont fait, chacune dans son genre. Les opéras bouffons des Italiens m'ont plu ; mais leurs grands opéras avec deux ou trois ariettes & quelques morceaux de récitatif mesuré, très-clair semés, ne peuvent racheter l'ennui d'un spectacle de plus de quatre heures. Les ballets sont pitoyables ; le garçon perruquier dont je me servois étoit un des figurans. La danse noble ne seroit pas du goût des Italiens , il leur faut des polichinels , des pierrots & d'autres grotesques , sans légéreté ni graces. Tous les airs de danse sont empruntés des musiciens françois , & je n'ai presque jamais trouvé dans les sonates & les concerto que de l'harmonie sans-dessein. Au reste il entre beaucoup d'habitude, dans le plaisir que cause la musique, & les différens peuples peuvent fort bien différer de goût , sans avoir tort ni raison. Le récitatif des Italiens nous blesse, le nôtre leur déplaît ; c'est que notre prosodie & la leur ne sont pas la même. Je conviendrai cependant que le leur est plus débité, & le nôtre trop languissant. A l'égard de nos chanteurs & chanteuses, ils donnent trop de voix, crient assez souvent , & l'on n'entend

pas avec-plaifir des fons forcés. Les Italiens pêchent peut-être par l'excès contraire, & ne chantent qu'à demi-voix.
Un avantage que notre mufique, du moins
à mon fens, a fur la leur, c'eft que celle
de nos inftrumens eft toujours chantante,
au-lieu que leur vocale tient de l'inftrumentale : ce font des tenues, des paffages,
des points d'orgue. Cependant dans l'ordre de la nature la voix eft le premier
inftrument, & la mufique inftrumentale
ne doit être qu'une imitation de la vocale. La célebre Gabrieli me paroiffoit
moins chanter que jouer de la voix. Pour
les caftrats, qui n'ont aucune fenfibilité
dans le chant, ce font de purs inftrumens.
Le plaifir qui peut naître de leur exécution brillante eft troublé par la compaffion & le mépris que leur état inf-
pire ; c'eft du moins ce que j'ai toujours
éprouvé.

Les plaifirs du carnaval étoient à Naples ce qui me touchoit le moins. J'y
préférois des courfes au Véfuve, à Portici, Herculane, à Pompeïa, deux lieues
au-delà de Portici, Pouffol & Bayes, à
la Solfatare. J'avois d'autant plus de facilité à me fatisfaire que myladi Orfort avoit
beaucoup d'équipages & deux maifons
de campagne, l'une à Pouffol & l'autre
à Saint-Jorio, au pied de Véfuve. Si

j'avois été frappé des ravages du temps
& des barbares au milieu des monumens
de l'ancienne Rome, je l'étois encore
plus en voyant des villes entieres enséve-
lies fous les laves du Vésuve. Je parcou-
rois tous ces lieux avec le meilleur guide,
le Cicéroné le plus inftruit que je puffe
trouver dans Naples. C'eft pourtant un
étranger; M. Hamilton, miniftre d'Angleterre. Lorfqu'il me conduifit au Véfuve, il alloit pour la vingt-deuxieme fois
en obferver les phénomenes. Un étranger curieux, & qui a paffé quelques années dans un pays, le connoît mieux que
ceux qui y font nés. La plupart de ceux-
ci fe flattent toujours de voir ce qui eft
fi fort à leur portée, vivent & meurent
fans avoir rien vu. Obfervateur exact des
antiquités, de la nature & des arts, M.
Hamilton, en rempliffant avec foin les
devoirs de fon miniftere, trouvoit du
temps pour tout. Il ne manque point à
qui fait l'employer. Ce miniftre faifoit
travailler les artiftes, & avoit formé un
cabinet d'hiftoire naturelle dont il pouvoit être le démonftrateur. Il dînoit habituellement chez lui avec un petit nombre d'amis, parmi lefquels il vouloit bien
m'admettre, & avoit de plus chaque femaine une affemblée où fe trouvoit ce
qu'il y avoit de plus diftingué dans Na-

ples. On y entendoit un concert excellent où mademoiſelle Hamilton touchoit le clavecin avec une ſupériorité reconnue, dans une ville qui l'emporte pour la muſique ſur le reſte de l'Italie. Monſieur & madame Hamilton ſont le couple le plus heureux que j'aie connu. Tous deux encore jeunes, avec le cœur droit, l'eſprit enrichi de connoiſſances, ayant les mêmes goûts, & s'aimant réciproquement, m'offrirent le tableau d'une vie patriarchale. La femme, née avec une fortune très-honnête, jouit du plaiſir d'avoir fait celle de ſon mari, qui n'avoit pour tout bien qu'un nom illuſtre. Le mari, flatté de ce qu'il doit à une femme chérie, ſe plaît à le dire, & le ſentiment de la reconnoiſſance augmente celui de ſa ſituation.

M. Hamilton, après m'avoir accompagné au Véſuve, eut encore la complaiſance de me conduire à Pouſſol, où nous prîmes un bateau pour faire le tour du golfe. Ces lieux ſont décrits dans un ſi grand nombre d'ouvrages, que je n'en dirai rien, ſinon que je les parcourus avec beaucoup de plaiſir par le plus beau jour, & qu'en voyant l'averne, les champs éliſées, la grotte de la Sybille, &c. j'admirai le parti que Virgile en avoit tiré dans le ſixieme livre de

l'Enéide, & combien l'imagination des
poëtes dénature les objets. C'étoit fur
les bords de ce golfe que les empereurs
& les plus grands de Rome avoient des
maifons de plaifance. Tacite, Suétone,
Dion Caffius, les lettres de Cicéron,
celles de Pline parlent des palais, des
thermes, des jardins délicieux de Pom-
pée, de Céfar, de Marius, de Pifon,
de Domitien, de Lucullus, de Mam-
mée, mere d'Alexandre Sévere, & de
beaucoup d'autres. Les ruines des temples & des amphithéâtres atteftent la grandeur que les Romains de ces temps-là
déployoient à Bayes, Cumes, Pouffol &
dans tous les environs du golfe. On fait
que Scipion l'Africain, indigné de l'in-
gratitude des Romains à fon égard, fe
bannit volontairement de Rome, & alla
finir fes jours à Linterne, près de Cumes.
Il s'y fit inhumer, ne voulant pas même
que fes cendres fuffent portées à Rome,
& ordonna qu'on mit fur fon tombeau :
*Ingrata patria, ne offa quidem mea
habes.* Lorfque les Vandales, dans le
cinquieme fiecle, détruifirent Linterne,
il ne reftoit plus de l'épitaphe que le
mot *patria*, ce qui a fait donner à la
tour qui fut bâtie depuis au même lieu,
le nom de *Torre di patria*. Sylla fe
retira auffi, après fon abdication, dans

un village près de Cumes , où il paſſa
la derniere année de ſa vie , & mourut
dans une tranquillité dont il étoit bien
indigne. Sannazard , dans une de ſes élé-
gies, déplore le ſort de Cumes, jadis ſi
célebre, & dont il ne reſte plus que des
ruines qui en marquent la place. Elle eſt
entre les lacs de Caluccio & Licola. On
y fait, vers la mi-novembre, des chaſſes
où l'on tue des millions de canards.

On vóit encore, ſur la côte de Bayes,
les reſtes d'une maiſon que Cicéron ap-
pelloit ſon académie, & où il compoſa
pluſieurs ouvrages, auxquels il donna le
titre d'Académiques. Les délices de Bayes
étoient ſi renommés, qu'Horace diſoit :
Nullus in orbe locus Baiis prælucet amœ-
nis; & que Séneque & Properce accu-
ſent le ſéjour de Bayès de porter les Romains à la molleſſe & même à la débauche , par les plaiſirs que ce ſéjour
leur offroit. Il falloit que dans ce temps-
là l'air eût plus de ſalubrité qu'il n'en a
aujourd'hui. Les fievres regnent ſouvent
dans ces cantons, & ſur-tout vers Bayes.
Toute la côte & les environs de Naples
abondent en eaux thermales, à chacune
deſquelles on attribue la propriété de
guérir de quelque maladie particuliere.
Les hommes ſeroient immortels, ſi les
effets répondoient aux annonces des ſpé-

cifiques. On trouve, à peu de diſtance du Pauſilippe & du chemin de Pouſſol, les bains de *San-Germano*, où les Napolitains vont, ſinon ſe guérir totalement, du moins ſe délivrer des principaux accidens du mal qu'ils nomment *francefe*, que nous qualifions de *mal de Naples*, & que, pour n'offenſer perſonne, il ſuffit d'appeller par ſon nom, tout ſimplement la vérole. Cependant, en rendant à chacun ce qui lui appartient, Naples en eſt certainement la métropole, qui a malheureuſement des colonies partout; mais il n'y a point de pays où l'on en voie des effets ſi terribles.

On paſſe, en allant de Naples à Pouſſol, par un chemin d'un mille de longueur, creuſé au travers de la montagne du Pauſilippe. La longueur eſt de neuf cents ſoixante pas ; la largeur eſt inégale & de dix-huit à vingt pieds ; la hauteur de quarante à ſoixante. Les ouvertures des deux extrêmités & une au milieu ne ſuffiſent pas, comme on peut ſe l'imaginer, pour éclairer une ſi grande étendue de chemin. On y marche donc dans l'obſcurité ; de ſorte que les conducteurs des voitures qui viennent d'un côté, & ceux qui viennent de l'autre, ſe crient réciproquement, dès qu'ils s'entendent, de ſerrer à droite ou à gauche, pour ne fe pas heurter en fe rencóntrant. J'ai traverfé plufieurs fois le Paufilippe ; & lorfque c'étoit avec myladi Orfort, deux coureurs avec des flambeaux étoient toujours à la tête des chevaux, & nous tenions les glaces levées pour nous garantir d'une poufliere fine & très-incommode, comme je l'ai éprouvé en traverfant le Paufilippe en cabriolet.

J'allois de temps en temps me promener au Véfuve, au pied duquel myladi avoit une maifon de campagne très-agréable. Cette montagne pouffe toujours en l'air une colonne épaiffe de fumée mêlée d'étincelles, quand le volcan eft le plus tranquille. Ce qui n'empêche pas qu'elle ne foit parfaitement cultivée jufques au milieu de fa hauteur, fur-tout en vignes qui donnent l'excellent vin de *lacryma Chrifti*. Dans les éruptions, la lave en torrent de feu liquide entraîne les vignes, les arbres & les maifons. Lorfque par la fuite des temps, la lave refroidie a été couverte d'une croûte de cendres, & des terres portées par les vents & liées par la pluie, on feme, on plante & l'on conftruit de nouveau. On trouveroit, en creufant, dans plufieurs endroits, des couches de lave couvertes les unes par les autres, entrecoupées de lits de terres qui ont été cultivées.

Après être defcendu dans Herculane, j'examinai les différentes fouilles qui s'y font ; & ce qu'on en retire, prouve que c'étoit une ville affez confidérable pour que le luxe y régnât. Ce qu'on y a trouvé de plus curieux, a été tranfporté & rangé dans plufieurs pieces du palais de Portici, bâti fur les ruines d'Herculane. On eft étonné que les Romains, qui avoient des bouteilles de verre, n'aient pas imaginé de le planer, pour en faire des vîtres au-lieu de leurs pierres émincées, qui ne pouvoient tranfmettre qu'une foible lumiere, fans laiffer voir les objets. Mais on doit confidérer que les hommes, devant prefque toujours au hafard les plus fingulieres découvertes, n'y ajoutent que peu de chofes par leurs feules lumieres, & que la propriété d'un corps la plus voifine de celle qu'ils connoiffent déja, eft long-temps à fe manifefter. Témoin, fans fortir du fujet, les vîtres qui font au plus du quatrieme fiecle, quoique le verre fût connu & employé à divers ufages avant la fin de la république. Témoin, encore les lunettes poftérieures de tant de fiecles à l'emploi du verre, fans parler des différentes propriétés de l'aimant, qui n'ont été fucceffivement obfervées qu'à des fiecles de diftance. Je ne doute pas que nos défcendans ne tirent de l'électricité, phénomene de nos jours, un parti qu'ils s'étonneront que nous n'ayons pas apperçu.

Le roi d'Espagne, Charles III, étant encore sur le trône de Naples, a fait graver les principales antiquités tirées des fouilles d'Herculane, & son fils qui lui a succédé à Naples, fait continuer cet ouvrage, dont il y a déja cinq volumes. On a beaucoup écrit sur Herculane ; mais personne n'a rien donné de si savant & de si instructif que l'abbé Winkelman, le plus habile antiquaire que j'aie connu. Il étoit en cette qualité attaché au pape, & fort communicatif; je prenois à Rome grand plaisir à converser avec lui. Il avoit consenti à une correspondance avec moi, & j'ai appris avec la plus vive douleur le crime qui nous l'a enlevé. L'impératrice reine l'avoit appellé à Vienne pour y mettre en ordre un cabinet d'antiquités. Elle lui donna, à son départ, pour retourner à Rome, des marques de sa générosité. Un scélérat, frere d'un évêque d'Italie, proposa à Winkelman de l'accompagner, & l'assassina dans une auberge à Trieste. Le malheureux fut arrêté & roué; mais cette justice ne console pas de la perte d'un homme généralement estimé.

On attribue communément au tremblement de terre , & à l'éruption de 79 fous Titus, le bouleverfement d'Hercu- lane , & l'on s'appuie de la feizieme let- tre du fixieme livre de Pline. Mais il me refte une difficulté que j'ai propofée dans une de nos affemblées de l'académie des belles-lettres , & à laquelle on n'a pas fatisfait. Conçoit-on que Pline qui, dans cette lettre, parle de Mifene & de Re- tine qui ne font là que des circonftances locales , ne nomme pas même Hercu- lane, l'objet principal de cet événement?

Deux lieues plus loin étoit Pompéïa qui a eu le même fort qu'Herculane , & qu'on a découverte depuis quelques années en travaillant à la terre. Le ha- fard a fait que la fouille s'eft faite pré- cifément à l'entrée de la ville; de forte qu'en fuivant la rue on pourroit la dé- couvrir entiérement, & paffer de celle- là aux autres avec d'autant plus de faci- lité , que ce ne font que des champs & des vignes , & qu'on n'auroit point à refpecter des bâtimens comme à Her- culane, fur les ruines de laquelle eft le palais de Portici.

Les éruptions s'annoncent avec tant d'éclat, que les habitans des lieux qui font menacés du cours de la lave, ont le temps de fuir & d'emporter leurs plus précieux effets. Auffi n'a-t-on trouvé dans

Herculane

Herculane que très-peu d'or ou d'argent. J'ai vu des bouts de galon d'or formés de petites lames plates, treffées comme de la toile de treillis, fans avoir été roulées fur un fil ou une foie. Il s'y eft trouvé, dit-on, quelques pierres précieufes & pas un diamant. Ce qui prouve que les habitants ont toujours le temps d'éviter d'être enfevelis fous les ruines, c'eft le peu d'offemens qui fe font trouvés à Herculane. Dans la confternation, où chacun ne penfe qu'à foi, on a pu abandonner des malades.

La même chofe fe remarque encore à Pompéïa, où l'on n'a trouvé jufqu'aujourd'hui des crânes & des os que dans un feul endroit; & mes obfervations fur le lieu m'ont perfuadé que c'étoient ceux des prifonniers aux fers & abandonnés. J'y ai vu des reftes de chaînes & de trophées d'armes peints fur les murs, qui annoncent une prifon militaire.

Une autre objet de curiofité eft l'ifle de Caprée, à huit lieues fud & en face de Naples. Ce lieu eft célebre par la vie débordée qu'y menoit Tibere, fi tout ce qu'en dit Suétone eft vrai. Caprée en eft la capitale ou plutôt la feule ville; car on ne peut en donner le nom à quelques villages. Il en faut excepter Anacapri, fitué fur une montagne. Un Anglois, nommé le chevalier Torol, très-afthmatique, après avoir effayé de tous les cantons de l'Italie dont l'air conviendroit le mieux à fon état, ne fe trouvant foulagé nulle part, paffa dans l'ifle de Caprée. A peine eut-il paffé quelques jours à Anacapri, que fa refpiration devint plus libre. Réfolu de s'y fixer, il fit bâtir, fur la hauteur, une maifon agréable où il a vécu trente ans, occupé de l'agriculture & délaffé par l'étude. Le premier meuble, dont il fe fournit pour adoucir fa folitude, fut une jeune & belle fille, dont il eut trois garçons qu'il envoya à Londres, dès qu'ils furent en âge de s'inftruire dans le commerce, chacun avec mille guinées. Il eft mort en 1766, laiffant à fa compagne fa maifon avec deux mille livres de rente, & le refte de fon bien à fes enfans. Son habitation étoit une efpece de petit fort où l'on arrivoit par un efcalier taillé dans le roc, défendu par deux petites pieces de canon, & pour garnifon, des domeftiques, dont le bien-être dépendoit du fien & de la durée de fa vie, fans aucun efpoir de legs particulier. Il leur a cependant laiffé des récompenfes fur lefquelles ils ne comptoient pas. Il étoit d'ailleurs aimé & eftimé dans l'ifle. Si ce n'eft pas là un fage, qu'on le cherche ailleurs.

Si la fécondité du fol d'un pays étoit
ce qui excite l'ambition des conquérans,
je ne ferois pas étonné que le royaume
de Naples eût été expofé à de fréquentes
invafions. Ce ne feroit pas, comme en
certains cantons de l'Amérique, fe battre
pour des arpens de neige. Je ne connois
point de terroir fi fertile & où la végétation foit fi forte que dans toute l'étendue de l'état Napolitain. Mais fans attribuer aux princes le defir de régner, pour
concourir avec la nature à rendre un
peuple heureux, je ne vois point, dans
l'hiftoire, de royaume qui ait paffé fous
tant de maîtres différens. Il y en a très-
peu qui y foient nés. On ne feroit donc
pas furpris que les Napolitains n'euffent
pas, pour leur prince, un attachement
bien vif. Ils fe piquent cependant d'une
grande fidélité ; & l'on n'en doit pas douter, fi l'on s'en rapporte à un auteur qui
a donné à fon ouvrage le titre de dix-
huitieme révolution de la très-fidele ville
de Naples.

Malgré la fertilité des terres, la difette
des grains s'eft fait affez fouvent fentir
par la mauvaife adminiftration, qui eft
à cet égard à Naples comme à Rome,
où le gouvernement s'établit marchand
de bled. La circulation eft tellement gê-
née, même dans l'intérieur du royaume,

par des loix gothiques & abfurdes, qu'une
province eft dans la difette, dans le temps
qu'une autre eft furchargée de grains. On
a vu les Hollandois en fournir à la terre
de Labour, la plus fertile de l'Europe,
& qui auroit pu être approvifionnée par
d'autres provinces, fi le gouvernement
avoit plus d'intelligence. La nature donne
les vivres, & les hommes font la famine.
Il n'y en a peut-être jamais eu qui n'ait
été factice, & pour les trois quarts, l'ouvrage du gouvernement. Il en fera toujours ainfi dans un état où le miniftere
ne comprendra pas que la meilleure &
la feule adminiftration du commerce des
grains, comme de tout autre, eft de ne
s'en point mêler.

Le marquis Tanucci, principal miniftre de Naples, eft bien loin de foupçon-
ner les vrais principes de l'adminiftration.
Né d'une famille honnête dans la bourgeoifie, il étoit profeffeur de droit à Pife,
dans le temps que Dom Carlos, aujour-
d'hui roi d'Efpagne, étoit en Tofcane.
Un criminel s'étant réfugié dans un couvent, on n'ofa violer l'afyle, mais on le
fit bloquer; de maniere que les moines
ne pouvant recevoir aucune provifion,
furent obligés de livrer le prifonnier. Ils
crierent au fcandale, & tous leurs pa-
reils faifant chorus, on voulut faire exa-

miner la nature du droit d'afyle, & l'on chargea de cette commiffion le profeffeur Tanucci. Il y a des droits que l'examen feul devroit anéantir, & M. Tanucci n'eut pas de peine à prouver l'abus de celui des moines. Dom Carlos fut fi content de l'ouvrage fur les afyles, que, paffant fur le trône de Naples, il emmena l'auteur avec lui, & en fit fon miniftre. Etant depuis monté fur le trône d'Efpagne, en 1759, en cédant à fon fils celui de Naples, il y a laiffé M. Tanucci chargé de toute l'adminiftration ; de forte que jufqu'ici, (en 1767) rien ne fe fait à Naples, que par les ordres de l'Efpagne, fur les confeils du même miniftre. Je le crois un honnête homme avec les meilleures intentions; mais je doute fort qu'il ait les talens du miniftere. Il pourroit bien n'être qu'un légifte; & l'expérience prouve que ceux qui n'ont chargé leur mémoire & occupé leur efprit que du pofitif des loix, font de tous les hommes les moins propres au gouvernement.

On peut lui reprocher la mauvaife éducation qu'il fait donner au jeune roi. Son gouverneur, le prince Saint-Nicandre, l'homme le plus borné de la cour, le fait élever dans la plus groffiere ignorance. Il femble même que ce foit le plan qu'on s'eft fait. On lui ôta un jour des mains,

comme un livre dangereux, les mémoires
de Sully, qu'un honnête imprudent lui
avoit procurés, & qui en fut reprimandé.
C'étoit un jéfuite allemand qui lui en-
feignoit le françois ; ainfi du refte. Ce
jeune prince ne parle encore que l'Italien du peuple, par l'habitude d'entendre plus fouvent que d'autres, les valets qui le fervent. Or, le Napolitain
eft mêlangé de quantité d'expreffions des
différens peuples qui ont occupé cet état.

Quand je fus préfenté au roi, je ne
lui trouvai qu'un air de bonté avec l'embarras d'un enfant, car il ne me dit pas
un mot. J'avois reçu un autre accueil du
roi & de la reine d'Angleterre, qui, chaque fois que je leur faifois ma cour, me
faifoient l'honneur de m'adreffer la parole
fur ce qui m'étoit perfonnel. Il eft vrai
qu'ils n'avoient pas été élevés par le
prince de St. Nicandre.

Le roi de Naples a montré par plufieurs traits qu'il étoit fufceptible d'une
autre éducation que de celle qu'il a reçue. Dans la derniere difette qu'il y eut,
ayant ouï parler de la mifere du peuple,
il propofa à fon gouverneur de vendre
fes tableaux & fes bijoux, pour en donner le prix aux pauvres. Le prudent gouverneur remontra avec beaucoup de dignité à fon éleve, qu'il ne devoit pas

difpofer ainfi de ce qui appartenoit à la couronne, & ce fut tout ce qu'il crut devoir lui dire dans cette occafion. Le jeune prince a déja fenti & fait connoître ce qu'il penfe du peu de foin qu'on a eu de l'inftruire. L'empereur & le grand duc étant à Naples avec la reine leur fœur, & la converfation ayant tourné fur l'hiftoire & d'autre matieres, le roi étonné d'entendre fa femme & fes beau-freres traiter des fujets qu'il ne comprenoit pas plus que s'ils euffent parlé une langue étrangere, fe tourna vers le prince de St. Nicandre. Il faut, lui dit-il, que vous m'ayez bien mal élevé, pour que je ne fois pas en état de converfer avec des princes & même une princeffe de mon âge. Les penfions ont été confervées au gouverneur en le renvoyant, & c'eft avec raifon; il y a des gens dont il faut plutôt payer l'inaction que les fervices.

Ma préfentation au roi donna lieu à une tracafferie. Nous n'avions alors à Naples, ni ambaffadeur ni fécretaire d'ambaffade. Le conful de France, M. Aftier, homme de mérite, étoit feul chargé de nos affaires, *incaricato*, & en cette qualité, traitoit avec le miniftere Napolitain. Le roi paffoit le carnaval à Cazerte, à fix lieues de Naples, où il revenoit quelquefois pour voir l'opéra, & où je l'avois vu fuffifamment le jour même de mon arrivée. Je ne penſois donc point à faire le voyage de Cazerte pour lui être préſenté. Cependant le cardinal Orſini, proteĉteur par interim, des égliſes de France, depuis la mort du cardinal Sciarra Colonne, & qui ſe trouvoit alors à Naples, me fit dire par myladi Orfort, qu'ayant déja préſenté des François au roi, il m'offroit la même faveur. Je priai myladi de le remercier de ſes bontés pour moi, & de lui dire que je ne croyois pas devoir en profiter, ni me faire préſenter par tout autre que par le miniſtre de ma nation. Le cardinal me fit l'honneur d'inſiſter ſur ce que nous n'avions point d'embaſſadeur; à quoi je répondis que l'*incaricato* étant accrédité pour les affaires, étoit plus que ſuffiſant pour une auſſi petite fonĉtion que celle de préſenter un ſimple voyageur François, & ſi peu important. Le même jour M. Aſtier vint me trouver & me demander que ce fût lui qui me préſentât. Je lui dis que j'avois prévenu l'offre qu'il vouloit bien me faire, & ce qui venoit de ſe paſſer à l'égard du cardinal Orſini. En conſéquence il écrivit au prince St. Nicandre, pour le prévenir que nous nous rendrions à Cazerte, le jour où le roi reçoit les ambaſſadeurs & les perſonnes qui lui ſont pré-

fentées. Myladi Orfort, amie du marquis
Tanucci, & qui vouloit aller le voir,
m'offrit de me mener à Cazerte. Mais je
la priai de me permettre de m'y rendre
avec M. Aftier, puifqu'il devoit être mon
conducteur chez le roi, d'où j'irois, après
ma préfentation, la trouver chez le miniftre qui m'avoit invité à dîner avec
elle. Nous partîmes donc en même-temps,
elle dans fon carroffe & nous dans le nôtre. Mon premier foin, en arrivant au
château, fut d'aller avec M. Aftier à l'appartement du prince St. Nicandre, faire
la vifite d'ufage en pareille occafion.
Nous ne le trouvâmes point, ou il fe fit
celer; ce qui fe paffa me le perfuade. Cependant, pour ne manquer à rien, nous
laiffâmes un billet dans lequel nous lui
marquions le fujet de notre vifite. De-là
nous nous rendîmes au dîner du roi, à
qui l'on eft préfenté quand il fe leve de
table. Les ambaffadeurs y affiftoient; j'é-
tois connu de tous, & particuliérement
du comte de Kaunitz, miniftre de l'empereur, & de M. Hamilton, miniftre
d'Angleterre, qui, prévenus de ce qui
m'amenoit, me firent placer près d'eux
avec M. Aftier, en face du roi. Un moment après, le prince St. Nicandre tirant
à part M. Aftier, lui dit qu'un fimple
chargé d'affaires n'avoit pas le droit de

G v

préſenter, & que ſi je voulois être préſenté, ce devoit être par un des ambaſſadeurs qui étoient là. Je n'entendis rien
de cette diſcuſſion ; mais M. Aſtier ſe rap-
prochant de nous, me la redit, & ajouta
que c'étoit un dégoût qu'on vouloit lui
donner comme conſul, & auquel je n'a-
vois aucune part. MM. de Kaunitz &
Hamilton qui l'entendirent, m'offrirent à
l'inſtant d'être mes préſentateurs. Je regardai ſi je ne pourrois pas m'échapper ;
mais il n'y avoit pas moyen, ſans faire
une ſorte d'éclat. J'avois derriere moi
deux ou trois cercles de courtiſans ; le
roi pendant ſon dîner m'avoit remarqué ;
ne pouvoit pas douter, en voyant un in-
connu à côté des miniſtres, que ce ne
fût une préſentation ; & comme dans ce
moment il ſe levoit de table, MM. de
Kaunitz & Hamilton me préſenterent.

Au ſortir de chez le roi j'allai chez un
homme plus puiſſant que lui, ſon miniſtre, le marquis Tanucci, qui, prévenu
de ma viſite, me fit l'accueil le plus poli
& me retînt à dîner, ainſi que M. Aſtier :
Myladi Orfort y étoit déja. Les miniſtres
étrangers & beaucoup de courtiſans arri-
verent ſucceſſivemant, de ſorte qu'il y
avoit pluſieurs tables. M. Tanucci me
plaça à la ſienne qui étoit de douze couverts. Je m'y trouvai avec Myladi, pré-

cifément à côté du cardinal Orfini. Deux jours avant de partir pour Cazerte, j'avois paffé à fon palais pour le remercier de fes offres, & lui expliquer moi-même les motifs qui m'empêchoient de profiter de l'honneur qu'il vouloit me faire. Ne l'ayant pas trouvé chez lui, je lui réitérai, avant de nous mettre à table, & dès le moment que je l'apperçus, les remerciemens que je lui avois fait faire. Il me parut fatisfait de mes raifons & me combla de bontés. Le dîner fut fort bon & fervi en gras, quoique nous fuffions en carême; le P. Déodat, capucin de Parme, & le meilleur prédicateur de l'Italie, le prêchoit alors devant le roi de Naples. C'eſt un homme d'efprit, de très-bonne compagnie, gai & même gaillard, &, ce qui prouve fon mérite, aimé & eſtimé de M. du Tillot, miniſtre de Parme. Je l'avois connu à Rome où je dînois quelquefois avec lui chez le Bailly de Breteuil, & nous nous étions pris de goût l'un pour l'autre. L'ayant rencontré dans les rues de Naples, il fit arrêter mon carroffe, pour me dire, en termes gais, mais très-énergiques, le peu de cas qu'il faifoit des Napolitains. On fait que les capucins font par leur inſtitut obligés de ne voyager qu'à pied, à moins qu'ils ne rencontrent quelques voitures à vuide, où l'on

veut bien les recevoir; or M. du Tillot
avoit toujours foin d'en faire trouver une
que le P. Déodat rencontroit à la porte
de la ville, & qui étoit fuppofée retourner à vuide au lieu où il avoit affaire.

Pour revenir à M. Tanucci, il me fit
mille politeffes pendant le dîner, & porta
fes attentions jufqu'à ordonner qu'on ne
me donnât que du vin de France, croyant
que je n'aimerois pas ceux du pays.
Quand on fe leva de table, ce miniftre, au-lieu de s'échapper, comme les
nôtres font depuis quelques années, par
un efcalier dérobé, refta au milieu de la
compagnie qui avoit dîné chez lui, pour
donner audience à ceux qui avoient quelque chofe à lui communiquer. Voulant
retourner le jour même à Naples, & avoir
beaucoup de témoins de ce que je me
propofois de lui dire, je m'empreffai de
lui faire mes remerciemens de l'accueil
qu'il m'avoit fait, & ajoutai, d'un ton à
être entendu de tout ce qui étoit préfent,
qu'à l'égard de M. le prince de St. Nicandre, il ne me trouveroit plus écrit chez
lui; mais que je ne répondois pas qu'il
ne fe trouvât écrit chez moi, c'eft-à-dire
fur mes papiers, attendu que je faifois
des obfervations fur tout ce qui me pa-
roiffoit le mériter, & que M. de St. Nicandre n'étoit pas fait pour être oublié.

M. Aſtier fut aſſez content de ce propos. L'aſſemblée & M. Tanucci même ne purent s'empêcher de ſourire, ce qui me fit voir qu'on avoit généralement la même opinion dudit prince de St. Nicandre. M. Aſtier ne manqua pas de mander à notre cour la mauvaiſe difficulté qu'on lui avoit faite ſur les préſentations, & il a été décidé que tout homme accrédité pour les affaires, feroit auſſi toutes les autres fonctions dans l'abſence de notre vrai miniſtre. M. Aſtier devoit d'autant plus être étonné du peu de conſidération qu'on lui témoignoit, qu'il en avoit eu beaucoup en Hollande, où il étoit conſul avant de venir à Naples en cette qualité. Tel eſt l'effet de la différence des mœurs & des gouvernemens. En Hollande, le commerce eſt en honneur, eſt l'ame de la république; un conſul doit donc y être conſidéré. A Naples, où il y a peu de commerce, où les princes, duc, comtes & marquis font un peuple, un conſul y eſt regardé comme un marchand. Un prince Napolitain ne ſoupçonne pas qu'il y ait à Londres & à Amſterdam des commerçans qui ne feroient aucune comparaiſon de leur état avec celui de certains Italiens décorés de titres de princes. Un de ces petits ſeigneurs, qui, en arrivant à la bourſe

d'Amſterdam, n'eût pas excité la moindre attention pour lui, auroit été fort
étonné d'entendre en même-temps tous
les vaiſſeaux marchands, de différens pavillons & de toutes nations, ſaluer de
leurs canons le commerçant *Legendre
de Colandre*, qui entroit dans le port,
comme ils auroient fait pour le ſtadhou-
der. Ce Legendre étoit pere des Colandre, Berville & Megremont, morts lieu-
tenants-généraux de nos armées. Autre
pays, autres mœurs. J'ai obſervé celles de
Naples autant qu'un étranger le doit & le
peut faire chez un peuple où il ne paſ-
ſera pas ſa vie. J'ai connu parmi les grands
des hommes fort eſtimables; mais ceux
qui m'ont paru les plus inſtruits ſont les
gens de palais, qu'on nomme les *Paillet-
tes* à cauſe de leurs chapeaux de paille.

A l'égard du bas peuple, la crapule,
la fainéantiſe, l'ordure, la filouterie forment ſon caractere. Je ne parle point de
ſa ſuperſtition, parce qu'elle eſt nationale, & ſe trouve plus ou moins dans toutes les claſſes. Il eſt pourtant remarquable
que, dans un état feudataire de Rome,
l'inquiſition ſoit dans une telle horreur
qu'il ſeroit auſſi dangereux de tenter de
l'établir à Naples qu'à Londres. Il y a
même un tribunal chargé de veiller à ce
qu'il ne s'introduiſe dans tout autre, au-

cune forme de procédure qui tînt de celle
de l'inquifition. C'eft une arme de moins
entre les mains des gens d'églife, qui ne
peuvent joindre la terreur à la féduction,
dont ils tirent affez d'avantages; car ils
n'ont pas moins de crédit à Naples qu'à
Rome fur les efprits. Les jéfuites, avant
leur expulfion, y étoient auffi puiffans
qu'ailleurs. Il y a peu d'années qu'un certain P. Pépé, un des grands frippons de fa
compagnie, avoit pris un tel afcendant fur
l'efprit du peuple, qu'il balançoit l'autorité du roi, & pouvoit fouvent l'obliger de
fléchir. Il avoit l'infolence de fe laiffer baifer la main par Dom Carlos. Les femmes
du plus haut rang ont, en Efpagne, cette
baffeffe pour des moines; mais aucun n'a-
voit jamais été affez impudent pour l'ef-
pérer d'une tête couronnée. La ducheffe
de Saint-Pierre, Françoife, dame d'honneur de la reine d'Efpagne, m'a dit qu'en
fortant un jour avec la reine d'un office
chez les dominicains, le prieur vint conduire cette princeffe; que toutes les dames du palais baiferent refpectueufement
la manche de ce moine qui, voyant que
la ducheffe ne les imitoit pas, s'avança
vers elle, en lui préfentant la manche;
qu'elle le regarda, le repouffant avec le
mépris qu'il méritoit; & que là-deffus il
eut l'infolence de la traiter de *gavache.*

Le P. Pépé avoit fur le peuple un pouvoir plus abfolu que le roi. Les miniftres
confeillerent à ce prince de l'éloigner de
Naples, en le chargeant de quelque commiffion honorable pour la cour de Madrid, où l'on pourroit le retenir. Le jéfuite n'en fut pas la dupe, & ne voulut
pas quitter une ville où il régnoit. Il feignit cependant de recevoir la propofition
avec reconnoiffance ; monta en chaire au
fortir du palais, fous prétexte de faire
fes adieux. Il les fit fi pathétiques, que
tout l'auditoire fondit en larmes. Il faifit
ce moment pour s'écrier : puifque vous
me perdez avec tant de regrets, mes enfans, qui d'entre vous confent à me fuivre ? Ce ne fut qu'un cri dans l'affemblée.
Tous le fupplierent de ne les pas abandonner, ou jurerent de le fuivre. Il les
affura qu'il étoit fi fenfible à leur attachement, qu'il alloit fupplier le roi d'honorer tout autre de la commiffion pour l'Efpagne, & qu'il ne partiroit pas fans un
ordre abfolu. Le coquin de moine vint,
d'un air affligé & d'un ton hypocrite, rendre compte au roi de ce qui fe paffoit,
& le fupplier d'attendre du moins que
cette fermentation fût calmée, parce que,
difoit-il, elle pourroit être dangereufe. Le
droit du jeu étoit de jetter le jéfuite par
les fenêtres ; mais ce jeu-là n'eft pas per-

mis dans un tel pays ; de forte que le roi fut obligé de prendre pour bonnes les excufes du fourbe, qui refta maître du champ de bataille.

Le pere Pépé étoit un grand thaumaturge ; il annonçoit tous les jours quelque miracle de fa façon. Il vendoit au peuple & aux payfans de petits papiers bénis de fa main, dont la vertu étoit de faire pondre les poules, qui auroient très-bien pondu fans cela, & auxquelles on les faifoit avaler ; mais par-là chaque œuf devenoit un miracle, fans ceux qu'il faifoit d'ailleurs. Si cela ne prouvoit pas un frippon fort ingénieux, cela marquoit un peuple bien imbécile. Cependant il en tiroit tant d'argent, qu'il en avoit fait élever une pyramide du plus beau marbre & du plus mauvais goût. Il eût un chagrin quelque temps avant fa mort qui en fut peut-être la fuite ; ce fut de voir tomber ou partager fon crédit, par un frippon du même acabit, mais de robe différente : le pere Roch, dominicain. Il eft bien humiliant pour des princes, d'être obligés de compter avec de tels fujets, dont la plupart porteroient leurs livrées, s'ils n'avoient pas pris celle de moine. J'en ai rencontré à Naples, chez les plus grands feigneurs, où ils donnoient le ton. Cela ne fe verroit pas à Paris, où je n'ai

Jamais trouvé de moines mendians dans aucune maiſon, pas même chez la bonne bourgeoiſie. J'en excepte les jéſuites, qui, ayant le confeſſional du roi, & chargés de l'éducation de la principale nobleſ-ſe, étoient reçus par-tout. Mais je ſuis perſuadé que, ſans être chaſſés du royaume, s'ils euſſent ſeulement perdu le confeſſional du roi & les colleges, réduits à leur état de mendians, comme ils le font par leur inſtitut, ils ne ſe feroient pas plus facilement recrutés que les autres, & n'auroient pas été plus conſidérés.

Les religieux rentés en France, ſortent communément d'une honnête bourgeoiſie, paroiſſent peu dans le monde, & ſont, malgré beaucoup de plattes déclamations, plus utiles à l'état qu'on ne le penſe. Ce feroit la matiere d'un bon mémoire économique. Je ſuis étonné qu'aucun d'eux ne ſe ſoit aviſé de le faire. Je m'en occuperai peut-être un jour.

Cette claſſe de religieux n'a pas, en Italie, ſur le peuple, le même aſcendant, & dans les affaires la même influence que les mendians, quoique la plupart, m'a-t-on dit, ſoient, du moins dans le royaume de Naples, des cadets de nobleſſe. Peut-être la grandeur des établiſſemens a-t-elle préfervé de l'efprit d'intrigue des religieux, qui jouiffent d'une folide opulence. Il étoit naturel que le befoin fût le premier aiguillon des moines mendians, les mit en action, & que l'habitude de féduire pour le néceffaire, leur ait infpiré l'ambition de travailler plus en grand. Ils ont fi bien réuffi, qu'ils influoient autrefois dans toutes les affaires des états catholiques, entroient dans les négociations, font encore aujourd'hui un des appuis de la cour de Rome, & y font confidérés. Ils l'ont auffi beaucoup été jadis en France, où ils ne peuvent, depuis long-temps, intriguer que dans le peuple.

La fuperftition ayant toujours été le grand reffort de leur politique, il doit agir en raifon de leur crédit, & avoir plus de force en Italie qu'ailleurs. Mais ce n'eft pas dans les couvens feuls qu'on entretient la fuperftition. C'eft dans la cathédrale de Naples, entre les mains de l'archevêque, à la grande fatisfaction des petits & des grands, que s'opere, deux fois l'an, la prétendue liquefaction du fang de St. Janvier. Il feroit difficile d'établir dans la cathédrale de Paris ce miracle périodique, à l'égard du chef St. Denis, dont la légende eft à-peu-près pareille à celle de St. Janvier. On a mis plus de merveilleux dans les circonftances du mar-

tyre de St. Denis ; mais dans ces légen-
des, le plus ou le moins n'eft pas fort important ; d'ailleurs le miracle n'eft qu'en
récit, & l'on ne rifqueroit pas aux yeux
des François de la capitale, un miracle
à répétition, qui feroit fûrement un fujet
de fcandale pour les fages, & de dérifion
pour les autres.

Il n'en eft pas ainfi à Naples. La confternation y feroit très - grande & prefque
générale, fi la liquéfaction ne s'opéroit
pas. Auffi eft-il très-rare qu'elle manque,
& cela n'eft arrivé que lorfqu'on a eu intérêt de ne pas le vouloir. Par exemple,
lorfque dans la guerre de la fucceffion
nous étions maîtres de Naples, & que
M. d'Avarey y commandoit, la faifon du
miracle arriva. Les Napolitains coururent
à l'églife par dévotion ; les François, par
curiofité ; & M. d'Avarey s'y tranfporta
pour maintenir l'ordre & contenir l'indifcrétion Françoife. Il favoit que les Napolitains ne nous aimoient pas, nous
voyoient avec peine maîtres chez eux,
& que l'archevêque étoit tout dévoué à
la maifon d'Autriche. Il le prouva dans
cette occafion. La fiole du fang de Saint
Janvier étoit déja entre fes mains, & il
l'agitoit depuis un quart-d'heure fans que
la liquéfaction voulut fe faire. Le peuple,
après avoir prié Dieu d'intercéder auprès

de Saint Janvier pour en obtenir ce miracle, fans qu'il fe fît, commençoit à mur-
murer, & en accufoit les François, comme hérétiques dont la préfence étoit un
obftacle aux faveurs du ciel. Cette fermentation croiffant par degrés, pouvoit
avoir des fuites violentes. Les troupes
étoient peu nombreufes en comparaifon
des habitans. Un grenadier, en toute autre circonftance, en auroit impofé à cent
bourgeois; mais fi le fanatifme venoit à
enflammer les efprits, le dernier du peuple auroit affronté cent grenadiers. M.
d'Avarey, prenant un parti prompt, envoya un de fes gens dire à l'oreille de
l'archevêque, qu'il eut à faire fur le champ
le miracle, finon qu'on le feroit faire
par un autre, & que lui archevêque feroit auffi-tôt pendu; & le miracle fe fît.

La fuperftition, la débauche, la crapule, regnent affez généralement parmi
le peuple de Naples. Il eft affez plaifant
de voir fur la place un bateleur raffem-
bler auprès de fes traiteaux une foule de
badauts, & à quelques diftance de-là,
un moine qui, monté fur une efcabelle,
un crucifix en main, prêche une pareille
affemblée; de forte que les deux orateurs
s'enlevent alternativement le même auditoire, fuivant le degré de leur élo-
quence.

La quantité de gens de palais qui vivent à Naples, me feroient croire que la chicane n'y eſt pas auſſi ignorée que les bons principes d'adminiſtration. Les calculs les plus modérés portent de vingt-cinq à trente mille le nombre de ceux que la juſtice ou la chicane fait vivre à Naples. On n'en ſera pas étonné, quand on ſaura que tous les tribunaux du royaume, & même de la Sicile, reſſortiſſent au premier tribunal de juſtice de Naples, où toutes les cauſes peuvent ſe porter par appel.

On ne prendroit pas une idée fort avantageuſe de la juſtice civile, ſi on en jugeoit par la maniere dont s'exerce la juſtice criminelle. J'y ai vu beaucoup de galériens, dont la plupart auroient été pendus ailleurs. Je ſuis fort loin d'approuver les rigueurs dont on uſe ailleurs, où il ſemble que le code des loix pénales n'ait été rédigé que par les puiſſans & les riches; mais je n'adopterois pas tous les principes du traité *des délits & des peines*, & je l'ai dit à l'auteur même, le marquis de Beccaria. Peut-être n'y auroit-il aucuns ſupplices à proſcrire; il ſuffiroit qu'ils fuſſent en proportion avec les délits, qu'il y eût plus de gradations, & qu'on diſtinguât les fautes & les crimes.

On ne taxera pas de trop de févérité
la juftice de Naples ; les prifons font communément pleines de malfaiteurs ; il y a
fouvent jufqu'à deux mille prifonniers,
& l'on voit peu d'exécutions à mort. Il
fallut, il y a peu d'années, le cri public
pour faire pendre un fils qui avoit tué
fon pere, & qui fut un an en prifon avant
qu'on fongeât férieufement à inftruire fon
procès. Un fcélérat s'étant introduit chez
un jouailler, par le moyen d'une fervante
avec laquelle il couchoit, faifit le temps
de l'abfence du maître pour égorger cette
fille, avec qui il avoit paffé la nuit, &
emporta les plus précieux effets de la
maifon. On l'en avoit vu fortir le matin,
on l'arrêta, les bijoux fe trouverent chez
lui. Son procès n'eut pas duré quatre
jours en France, & lorfque j'étois à Naples, il y avoit déja huit mois qu'il étoit
en prifon. Sur l'étonnement que j'en té-
moignois à un homme fort inftruit des
mœurs & des coutumes de Naples, il
me dit que ce fcélérat pourroit bien refter en prifon tant que lui ou fa famille
pourroit, en payant, fufpendre les pourfuites. Le jouailler avoit recouvré fes effets, & le public oublioit l'affaire qui
n'intéreffoit plus perfonne. Naples auroit
befoin d'un duc d'Offone, qui, pour établir l'ordre & la police dans ce royaume,

faifoit pendre des coquins, & tranchvr
des têtes nobles.

Pour peu qu'on examine le caractere
général du peuple Napolitain, on n'eft
plus étonné de la fainéantife de la canaille, dont la ville eft pleine. Les légumes,
les fruits, le poiffon commun, & ordinairement le pain, y font à fi bas prix,
qu'il eft facile d'y fubfifter. Les falaires,
à la vérité, y font, comme par-tout, en
proportion avec les vivres; mais le peuple eft fi fobre, que trois journées de
travail le font vivre pendant huit jours
fans rien faire; & les diftributions aux
portes des couvens font encore un fup-
plément. Je n'ai vu aucun pays où les
vivres fuffent à fi bon marché.

Comme les gages des domeftiques font
par-tout une mefure affez jufte du prix
des vivres, on peut les prendre pour regle, quand on n'a pas le temps d'entrer
dans un examen détaillé. Or, les valets
n'ont par mois, pour gages & nourriture,
que fix ducats, valans 24 livres de France,
dans les meilleures maifons de Naples,
& il y en a beaucoup au-deffous de ce
prix là (1).

Etant

---

(1) La livre de compte de Naples vaut 2 carlins, le carlin 10 grains, monnoie de cuivre,
&

Etant resté à Naples plus de temps que je ne me le propoſois en y arrivant, j'arrêtai une chaiſe pour retourner à Rome, par la même voie que j'avois priſe pour venir à Naples. Mais avant de partir, je voulus employer quelques jours à voir & remercier les perſonnes dont j'avois reçu le plus d'accueils, tels que M. Hamilton, le comte de Kaunitz & autres. J'allai chez le comte de Kaunitz le jour de

---

& il faut 24 grains pour faire la livre tournois de France. Le ducat, monnoie de compte, vaut 10 carlins.

La livre de poids de Naples eſt de douze onces, qui n'en font que dix & demi de France, poids de marc ; ainſi cent livres de France, font cent cinquante-deux livres de Naples.

L'once, monnoie d'or de Naples, vaut 30 carlins ou 12 livres de France, à 8 ſous le carlin.

Le ſequin romain vaut, à Naples, 25 carlins, le Florentin 26, & le Vénitien 27.

La meſure d'étendue eſt la canne, qui eſt de huit palmes, & quatre palmes & demie font l'aune de Paris ; 56 palmes un quart, font cent aunes.

La meſure la plus ordinaire des liquides, eſt le baril, qui contient ſoixante-trois caraffes du pays, faiſant quarante pintes de Paris. Le meilleur vin, celui du Véſuve, coûte de 5 à 6 ducats, monnoie de compte de Naples ; le ducat eſt de 10 carlins, valant 4 livres de France. Le baril du *lacrima - chriſti* revient donc de 20 à 24 livres.

L'argent eſt à Naples à quatre pour cent, & & le Mont-de-Piété prête à ſix.

H

fon affemblée, & dès que la comteffe m'apperçut, elle vint au-devant de moi avec
toutes les marques de bonté, dont elle
m'honoroit, en me difant, comme une
nouvelle fort agréable, que l'abbé de Caveirac étoit arrivé à Naples, & l'étoit
venu voir. Comment, lui dis-je, madame, eft-ce qu'un tel maraud eft venu
chez votre excellence ! Pourquoi non,
me dit-elle, un peu embarraffée? C'eft,
répondis-je, qu'il vient d'être chaffé de
Rome, après s'être enfui de France pour
éviter le carcan. Ce début de ma part
ayant attiré l'attention de la compagnie,
j'expliquai ce qu'étoit l'abbé de Caveirac.
Né avec de l'efprit, & un caractere fou-
ple, il écrit avec facilité, & n'ayant aucuns principes, il adopte aifément ceux qui
peuvent lui convenir, fuivant les circonftances. Les premiers effais de fa plume
furent dans l'affaire du P. Girard, & de
la Cadiere. Les rieurs n'étant pas pour
les jéfuites, Caveirac fe décida contre
eux, & fit fans miffion des factum extra-
judiciaires, en faveur de la Cadiere, pour
amufer les plaifans. Voyant enfuite que
le parti oppofé aux jéfuites & à la conftitution ne produiroit pas grand chofe, il
fe retourna de leur côté. Les déferteurs
d'un parti étant toujours bien reçus dans
l'autre, il eft bientôt devenu un apôtre
chez les conftitutionnaires.

A l'égard de fon ouvrage fur la Saint-Barthélemi, on ne peut pas dire abfolument que c'en foit une apologie. L'auteur feroit trop mal-adroit. Son objet eft d'en rejetter l'horreur fur l'ambition des princes, & d'en difculper les eccléfiaftiques. Le premier article peut être vrai; mais le fecond eft trop démenti par les faits, & par le caractere connu de ceux qu'il voudroit juftifier. Aujourd'hui même que le fanatifme eft bien diminué, il eft rare d'entendre un eccléfiaftique s'élever contre la Saint-Barthélemi, qui pourroit un jour faire autorité.

Caveirac s'étant fait agent des jéfuites, de l'archevêque & du parti, il hafarda, contre l'arrêt d'expulfion des jéfuites, quelques brochures qui déplurent au parlement; &, auffi prudent que Crifpin, qui n'aime pas les affaires avec la juftice, il fortit de France & fe réfugia à Rome. C'étoit-là qu'il avoit établi fon bureau de correfpondance avec les évêques ultramontains de France. Affocié avec le prélat Giacomelli, fecretaire des brefs aux princes, il en fourniffoit la matiere : Giacomelli les mettoit en latin, & ils partageoient enfemble l'argent que leur envoyoient ceux de nos évêques qui vouloient être honorés de ces brefs. L'union de ces deux honnêtes gens fut un jour altérée fur la part que chacun prétendoit aux gratifications. Ils donnerent une fcene publique, & fe traiterent réciproquement de frippons, fans être contredits par aucun des affiftans. L'intérêt les avoit défunis; l'intérêt les réunit. Ils virent qu'ils avoient befoin l'un de l'autre pour leurs opérations, & ne s'eftimant ni plus ni moins qu'avant leur brouillerie, ils fe réunirent & travaillerent enfemble de pius belle à fomenter le fchifme en France. Ils avoient pour antagonifte un abbé Dufour, auffi honnête homme qu'eux, lequel concouroit au même but, en fervant le parti contraire. Il étoit l'agent des janféniftes. Ces trois boute-feux en firent tant, que notre miniftre en fut inftruit, & demanda au pape de chaffer de Rome les abbés de Caveirac & Dufour. Tous deux en conféquence reçurent, le même jour, l'ordre de partir; mais le premier ayant des amis au palais, en fut fecrétement prévenu affez tôt, pour avoir le temps de faire une collecte chez les zélés de fon parti, dont il tira une fomme confidérable.

Pour l'abbé Dufour, agent des janféniftes, il ne fut averti que le jour même ou il falloit partir; & quand il l'auroit été plutôt, je ne crois pas qu'il eût obtenu grand chofe des janféniftes. Ce n'eft

pas qu'il n'y en ait à Rome ; mais ce ne
font pas, comme en France, des janféniftes parlementaires, oppofés aux prétentions papales. Perfonne, à Rome, ne
contredit l'infaillibilité du pape, & ne
paroît douter de l'excellence de la conftitution ; mais les jéfuites & leurs amis
traitent de janféniftes leurs adverfaires,
& tâchent de les faire paffer pour hérétiques. L'abbé Dufour n'étoit pas ftipen-
dié par ceux-ci, & ne recevoit rien que
des janféniftes parlementaires de France.
Ces deux boute-feux, chaffés de Rome
le même jour, auroient pu prendre enfemble la même route ; mais Caveirac
n'avoit garde d'approcher de France. Il
fe rendit à Civita-Vecchia, demanda &
obtint la permiffion d'y refter jufqu'à ce
que la mer fut praticable ; c'étoit en décembre. Pendant ce temps-là, il fit agir
les dévotes de France auprès de nos miniftres, pour qu'il lui fût permis d'aller à
Naples ; ce qui ne fut pas difficile à obtenir. Il étoit libre de fe retirer où il voudroit, pourvu qu'il fortît de l'état eccléfiaftique ; c'étoit obtenir, comme M. de
Sotenville, la permiffion de faire le voyage
d'outre-mer, puifque notre miniftre n'a-
voit aucun droit de l'envoyer à Naples,
ni ailleurs, chez une puiffance étrangere.
Le feul but de Caveirac étoit donc de

gagner du temps, & d'obtenir, à force
d'intrigues, de rentrer dans Rome. Il
écrivit une lettre encyclique à ces dévotes de France. Tout le parti fut en l'air,
& le pape vivement follicité pour rappeller ce faint apôtre. Il fembloit que ce fût
faint Cyprien chaffé de Carthage. Le
nonce Colonne, qui arrivoit de France,
& qui, recevant le chapeau, avoit pris
le nom de cardinal Pamphile, fut employé dans cette négociation, & y mit,
contre fon caractere, tant de chaleur,
que le pape, excédé de cette perfécution,
dit en parlant de Pamphile : cet indolent
ne s'eft jamais remué que cette fois-ci,
& c'eft pour une fottife ! Le faint pere
ne fe laiffa point féduire : Caveirac par-
tit pour Naples, en vertu de la permiffion qu'il avoit demandée, & qu'il appel-
loit un ordre.

Tel fut le compte que je rendis du caractere & de la conduite de Caveirac à
la comteffe de Kaunitz, en préfence de
l'affemblée. La comteffe, qui apparemment tenoit un peu au parti, mais fans
chaleur, me pria de ne plus parler de
Caveirac, & m'invita à dîner pour le lendemain. Comme j'avois à-peu-près dit l'ef-
fentiel, il ne me fut pas difficile de lui
promettre de n'en plus parler; & je me
confentai, en acceptant le dîner, d'ajou-

ter que je me flattois du moins que l'abbé de Caveirac n'en feroit pas; à quoi elle confentit en fouriant.

Depuis mon retour en France, j'ai fu que le miniftere de Naples avoit obligé Caveirac d'en fortir, & qu'il s'eft retiré à Livourne, où fes talens lui font affez inutiles.

N'ayant plus rien qui m'arrêtât à Naples, j'en partis le famedi 21 mars, fuivant la même route que j'avois prife pour y venir, & faifant exactement les mêmes journées. J'arrivai à Rome, le mercredi 25, jour de l'Annonciation, avant midi, par le plus beau temps. Je marque cette petite circonftauce, parce que la beauté du jour ajoutoit beaucoup à celle de la cérémonie qui fe faifoit. C'étoit l'affemblée d'environ deux cents filles, qui, vêtues de ferge blanche, & couronnées de fleurs, fe rendoient proceffionnellement à une églife, où le pape & les cardinaux affiftoient à une meffe, après laquelle on diftribua des dots de 300 liv. à ces filles du peuple, foit pour aider à les marier, foit pour les faire religieufes; avec cette différence, que la dot eft double pour celles qui prennent le parti du cloître. Plufieurs confrairies, ou affociations, font, de temps en temps, les mêmes charités, avec autant d'oftentation & avec auffi peu d'intelligence politique dans un pays où la dépopulation eſt frappante. Un bon gouvernement dirigeroit bien différemment les charités, en ſupprimant les dots deſtinées au cloître, pour en augmenter celles des mariages. N'y a-t-il pas aſſez de célibataires par état, dans un peuple où toutes les dignités ſont eccléſiaſtiques? L'ambition d'y parvenir mine ſourdement les familles nobles. Cette eſpece de caſtration deſtructive de tous les peuples catholiques par le monachiſme, l'eſt encore plus dans l'état eccléſiaſtique que dans les autres, puiſqu'elle y eſt honorée, & une condition néceſſaire des honneurs & des dignités.

Quoique j'euſſe, ſinon épuiſé, du moins ſatisfait ma curioſité ſur Rome, il y auroit eu de la ſingularité à la quitter aux approches de la ſemaine ſainte, temps où les cérémonies qu'on nomme *fonctions*, y attire un grand concours d'étrangers. J'ai tant vu de fêtes & de cérémonies civiles ou eccléſiaſtiques, que je ne dois pas en être fort touché. J'ai cependant trouvé beaucoup de pompe & de dignité dans celles dont on a le ſpectacle à Rome, & ſur-tout à Saint-Pierre. Je fus principalement curieux d'aſſiſter à la *fonction* du jeudi ſaint. Ce jour-là, 16 avril, fut un des plus beaux du printemps. Les trou-

pes de la garde du pape, infanterie & cavalerie, bien vêtues, formoient, dans la
place une enceinte, dont le milieu étoit
rempli de peuple. Après avoir vu les cérémonies de l'églife, je me rendis fur la
place au-deffous du balcon fur lequel on
porte le pape. Le chevalier de Modene,
commandant de la garde Avignonaife,
m'ayant mis auprès de lui, je découvrois
la multitude qui inondoit la place, &
j'étois à portée d'entendre la lecture de
la bulle *in Cœnâ Domini*, & de voir les
formalités de l'excommunication que ful-
mine le pape, en jetant, du haut de fon
balcon, un cierge qui s'éteint en tom-
bant fur le perron. Le pontife donne,
auffi-tôt après, au bruit du canon, des
tambours, des trompettes, & des accla-
mations des troupes & du peuple à genoux, fa bénédiction, & une abfolution
confolante, aux fideles coupables & ré-
pentans des cas énoncés dans la bulle. Il
y en a tant, que je ne crois pas qu'il y
ait qui que ce foit, qui, de maniere ou
d'autre, n'ait encouru l'excommunication.
Le pape lui-même, en s'examinant bien
fur le paffé, pourroit n'en avoir pas toujours été exempt. La lecture de la bulle
fe fait en latin, par un cardinal-diacre;
en italien par un prélat qui, je crois, eft
un auditeur de Rote, à fi haute & intel-

ligible voix, que l'élévation de la tribune
n'empêche pas qu'un très-grand nombre,
dont j'étois, au-deffous près du périftile,
ne puiffe l'entendre. Le bon Clément XIII,
en donnant fa bénédiction, ne put retenir fes larmes : j'en remarquai beaucoup
dont les yeux fe mouilloient, & l'émo-
tion d'une grande affemblée eft fi conta-
gieufe, qu'il y a peu de gens, quel que
foit leur fentiment fur le fonds de la chofe, qui ne fe fentent émus dans ces occafions. Cela me rappelle qu'étant en
Hollande, à une affemblée de quakers,
avec un François d'une imagination vive,
auffi-tôt que le tremblement les eut fai-
fis, je le vis fortir : je le fuivis pour en
favoir la raifon ; il me dit que s'étant apperçu que le tremblement des quakers
alloit le gagner lui-même, comme le bâil-
lement d'un feul fe communique à toute
une compagnie, il étoit forti pour n'y
pas fuccomber.

La bulle *in Cœna Domini* tire fon nom
du jour où elle fe lit, le jeudi faint, qui
eft la célébration de la cene, & non des
premier mots de cette bulle, comme on
le croit vulgairement, parce que les autres reçoivent ainfi leur dénomination ;
telles que les bulles *Clericis laicos, unam
fanctam, in eminenti, vineam Domini
fabaoth, unigenitus, &c. ;* & celle dite

in Cæna Domini, eſt la réunion de pluſieurs données par différens papes, dont
aucune ne commence par les mots ſous
leſquels on la déſigne. Paul II, (Barbo
Vénitien) en donna une en 1469, qui
commence ainſi : *Conſueverunt prædeceſ-
ſores noſtri romani pontifices annis ſin-
gulis in die cæna Domini, &c.* termes
qui ſuppoſent que l'uſage n'étoit pas nouveau. Cette bulle ne contient que des
excommunications vagues contre ceux qui
étoient coupables de grands crimes. Les
papes ſuivans inſérerent dans cette bulle
annuelle, différens articles relatifs à leurs
prétentions ; & dès 1510, le concile de
Tours déclara qu'elle ne pouvoit être ad-
miſe en France.

La premiere de cette eſpece qui ait
été apportée en France, où elle fut im-
primée, pour la premiere fois, dans *la
Pratique bénéficiale de Rebuffe*, eſt celle
de Paul III, (Farneſe) en 1536.
Elle commence encore par ces mots :
Conſueverunt romani pontifices, & contient vingt-quatre articles. Celle de Paul
V, (Borgheſe) en 1610, commence par
ces mots : *Paſtorales pontificis romani
vigilantia*, & contient trente articles,
qui, en rappellant les cauſes d'excommunication de la premiere, y en ajoutent
encore d'autres. Urbain VIII, (Barberin)

en 1627, commence comme Paul V;
Paftoralis, &c. avec autant d'articles.
Ces trois bulles, dont chacune aggrave la
précédente, finiffent toujours par mena-
cer les contrevenans de l'indignation de
Dieu, & réfervent l'abfolution au pape
feul.

On eft étonné que les papes aient ofé
les hafarder dans des temps fi peu recu-
lés, & auffi impunément qu'ils l'auroient
fait dans le onzieme fiecle. Mais on eft
indigné que même, depuis le concile de
Tours, des évêques François aient eu,
en 1580, la témérité de publier celle de
Paul III : ce qui donna lieu à un autre
concile, commencé à Tours, & fini à
Angers en 1583, de la profcrire de nouveau. Cependant un archevêque d'Aix
eut encore, en 1612, l'infolence de publier la bulle de Paul V, plus forte que
les premieres.

Si les princes catholiques fouffrent encore, fans rompre avec Rome, qu'on y
publie annuellement cette bulle, ce ne
peut-être que par mépris ; & le pape devroit, aujourd'hui, s'abftenir de jouer
une pareille comédie. Il y a en effet des
articles fi ridicules, qu'un homme fenfé
ne peut les entendre fans rire ; & la pompe
de la cérémonie, loin d'en prévenir la
dérifion, y ajoute encore. Par exemple,

le second paragraphe excommunie les
pirates qui infestent les mers de l'état eccléfiaftique : *Qui mare noftrum difcur-
rere præfumunt*, *&c.* Comment peut-
on retrancher de la communion de l'é-
glife des gens qui n'en font point ? Auffi
n'y a-t-il jamais eu ni Saletin, ni Algé-
rien qui foit allé fe faire abfoudre à Rome.

Je ne m'arrête pas fur les autres cérémonies de la femaine fainte, qui ont de
la majefté, mais qui font décrites par-
tout. Je remarquerai feulement que Rome
m'a rappellé, dans ce temps de redou-
blement de pratiques dévotieufes, l'idée
que je m'étois formée de la cour & de
Paris, fous le regne de Henri III; c'eft-
à-dire, que dans Rome, où le libertì-
nage, difons mieux, la débauche & la
crapule font partie des mœurs nationa-
les, la dévotion, ou ce qu'on nomme
ainfi, s'allie à tout. Si l'on excepte la
valeur militaire, que rien n'altéroit parmi
nous, & qui ne fait pas le caractere de
la Rome moderne, fes habitans font les
François du regne de Henri III. On ne
voit à Rome, dans la femaine fainte,
que des proceffions de pénitens, pieds
nuds & couverts d'un fac, qui vont en
ftations d'une extrêmité de la ville à l'autre, à travers les boues, fur un pavé
inégal, & fouvent par un très-mauvais

temps , & affez froid pour que plufieurs
en rapportent des fluxions de poitrine.
Les variations de température , dans la
faifon où fe trouve la femaine fainte , font
fi fréquentes ; qu'un jour ne répond pas
à l'autre. Nous en avions un d'été le
jeudi faint , & le vendredi , nous eûmes
pluie , grêle & un vent glacial. Ce n'eft
pas , comme ailleurs , le bas peuple feul
qui forme ces proceffions de va - nud-
pieds ; les plus grands de Rome font attachés à quelques confrairies , & en rem-
pliffent les devoirs. Un jeune homme de
la plus grande efpérance , & l'unique hé-
ritier de fa maifon , revint d'une de ces
dévotes caravanes , avec une fievre qui
le mit au tombeau.

Un fpectacle du même genre eft celui
des *caravites* , dévotion imaginée par un
jéfuite nomme Caravita. Une grande chapelle , appartenante aux jéfuites , eft le
lieu de la fcene : c'eft-là que tous les ven-
dredis , aux approches de la nuit , fe rend
une troupe de flagellans. La chapelle
n'étant éclairée que par deux cierges placés fur l'autel , on n'a de lumiere que
ce qu'il en faut pour ne fe pas heurter
les uns contre les autres. Au pied de
l'autel eft un crucifix , couché à terre ,
que chacun va baifer en entrant , avant
d'aller fe placer dans une des files , qui

fe forment à mefure que les dévots arri-
vent. Quand l'affemblée eft complete ,
un homme, portant une corbeille remplie de difciplines, en diftribue dans tous
les rangs qu'il parcourt, comme on le
pratique pour le pain béni dans nos paroiffes. Dès que tout eft en armes, un
jéfuite fait une exhortation fur le mérite
de la pieufe flagellation qui va fe faire ;
il cache enfuite, fous l'autel, les deux
cierges, & les ténebres régnent dans la
chapelle. Bientôt après on entend, pendant l'efpace d'un *miferere*, un bruit pareil à celui d'un ouragan mêlé de vent
& de grêle, par les coups redoublés de
tant de flagellans. Un filence de quelques
minutes fuccede à cet orage, pour leur
donner le temps de fe r'habiller, fi tou-
tefois ils fe font réellement mis à nud ;
car il ne m'a pas paru que les deux temps
qu'on donne l'un avant, l'autre après la
flagellation, fuffent affez longs pour fe
dépouiller ou pour fe revêtir. Je foupçonne que les plus fanatiques fe rendent
à la chapelle les épaules nues fous leurs
manteaux, qu'ils peuvent quitter ou reprendre en un moment, & que les moins
fots viennent, par hypocrifie, s'y faire
voir, & profiter de l'obfcurité pour fe
frapper fur le manteau. Auffi-tôt que le
jéfuite a fait reparoître la lumiere, le

diſtributeur des diſciplines va les repreñ
dre de rang en rang, & chacun ſe retire
édifié, battu & content. Garrik, le Roſ-
cius de l'Angleterre, & ſi excellent pan-
tomime, à ſon retour d'Italie, & avant
mon voyage, m'avoit fait un tableau ſi
plaiſant de cette farce dévote, que j'eus
la curioſité de la voir. J'y allai deux fois :
la premiere, je m'adreſſai à un jéſuite,
qui, ſachant qui j'étois, & ne me ju-
geant pas propre à être un des acteurs
de la ſcene, me plaça fort honnêtement
dans une tribune, pour en être ſpecta-
teur. La ſeconde fois fut le vendredi
ſaint, jour où il devoit y avoir un re-
doublement de dévotion & de coups de
diſcipline. Nous y allâmes enſemble ſept
à huit François, & nous nous plaçâmes
au dernier rang, au bas de la chapelle,
avec l'humilité qui convenoit à des pro-
fanes comme nous ; car les Italiens n'ont
pas une grande idée de la religion des
François, & ils ne pouvoient pas nous
méconnoître, attendu que nous étions
tous en grand deuil avec pleureuſes, pour
la mort de madame la dauphine. Cependant on nous préſenta, comme aux autres, des diſciplines, dont on ſuppoſoit
bien que nous ne ferions pas d'uſage ;
mais c'étoit toujours une galanterie qu'on
nous faiſoit, & nous la reçûmes poliment.

Quand on vint, áprès l'expédition, re-
cueillir les difciplines, au-lieu de rendre
les nôtres au diftributeur, nous les gar-
dâmes ; mais nous lui donnâmes chacun
un paole, dont il fut auffi content qu'édifié.

Il y a dans la femaine fainte un jour
deftiné aux femmes, pour cette fuftiga-
tion, avec la différence qu'elles font fur
leurs feffes ce que les hommes exécutent
fur leurs épaules. J'ignore quels péchés
elles prétendent expier par-là ; mais ce
ne doit pas être un préfervatif contre l'aiguillon de la chair, fi l'on en croit l'auteur du traité, *de ufu flagri in re ve-
nereâ*.

Il eft fingulier que dans toutes les re-
ligions il y ait eu des affociations de fanatiques qui fe foient imaginé qu'il y
eût d'autres moyens de plaire à la Divi-
nité que la pratique des vertus, & qui
fe perfuadent que le fuicide étant un
crime, fe détruire en détail foit un acte
méritoire. Il me femble qu'une idée plus
noble & plus jufte de Dieu, eft de croire
qu'il nous donne les biens pour en ufer
fans abus. Je dis fans abus, parce qu'on
ne peut en abufer, fans nuire à fa confer-
vation, & que celle de notre être & les
moyens de notre bien-être, fans donner
atteinte à celui d'autrui, font dans les
vues de Dieu. Ainfi, les macérations, la

caſtration phyſique ou religieuſe, les fla-gellations, &c. ſont des abſurdités, & ſeroient des crimes, ſi ce n'étoient pas des folies.

Mais je m'apperçois que je m'érige en prédicateur, ou anti-prédicateur, ce qui revient au même. Pour en avoir moins d'occaſions, ſortons de Rome. J'en partis le mardi d'après Pâques, 21 avril, par le plus beau jour de printemps, dans une chaiſe de voiturin, mon domeſtique à côté de moi, & muni de proviſions de bouche, attendu la connoiſſance que j'avois des auberges. J'avois cependant fait mon marché pour le ſouper, que le voiturin devoit me fournir; mais ce n'étoit que pour m'aſſurer du gîte, & je le quittai toujours de ſa bonne chere. Trois autres chaiſes étoient occupées par des prieurs dominicains, qui ſe rendoient à un chapitre à Boulogne, & faiſoient la même route que moi. Comme nous entrions dans la belle ſaiſon, je préférai le voiturin à la poſte. Voyageant ainſi à petites journées de 10 à 12 lieues, je jouiſſois du plaiſir de voir mieux la campagne, d'en examiner les différentes cultures, & de mettre de temps en temps pieds à terre, pour marcher dans les plus beaux endroits, & me délaſſer d'être aſſis. De plus, étant déja aſſez avancés dans les grands jours, nous partions fi matin, que nous arrivions de bonne heure à la couchée. Ajoutez une halte de deux heures pour dîner, le voyage n'eft, dans le printemps, ni fatiguant ni défagréable. Le feul avantage de la pofte eft d'éviter quelques mauvais gîtes; mais étant muni de provifions, je ne me trouvois point mal. J'étois même utile à mes compagnons de voyage, qui étoient d'affez bonnes gens, par d'excellente huile d'Aix, que je leur donnois pour des falades & des omelettes; car on ne trouve fouvent dans les auberges de route, excepté dans les villes, que des œufs & des herbages, avec de l'huile déteftable. Auffi myladi Orford, & M. d'Aubeterre m'avoient-ils obligé d'en recevoir de la leur à Naples & à Rome. Dans les villes principales, nos miniftres & autres, tels que le comte Durazzo, ambaffadeur de l'empereur à Venife, le comte d'Ericeyra, miniftre de Portugal, ont toujours garni ma chaife de quelques provifions qu'ils favoient devoir m'être utiles, & me rendoient agréables à mes compagnons de voyage, à qui j'en faifois part.

La route de Rome à Florence eft de cinquante lieues, & fe fait, par les voiturins en cinq jours. Les lieux où l'on s'arrête, foit pour dîner ou fe rafraîchir,

foit pour coucher, font Monterofe, Ronciglione, Viterbe, Montefiafcone, où je
fis, comme à mon premier paffage, honneur au *mofcatello*.

En partant de Montefiafcone, on co-
toie, pendant trois lieues, le lac de Bolzene, qui en a fept de tour, & de forme
prefque ronde. Ses flots font quelquefois
auffi agités que ceux de la mer, au point
que la navigation y eft dangereufe. Je
l'avois vu dans cet état en allant à Rome.
Il y a deux ifles vers le milieu : Bifen-
tina & Martana. C'eft dans celle-ci que
Théodat fit tranfporter & étrangla, dit-
on, lui-même, Amalazonte, reine des
Goths, fa coufine-germaine, fille de Théo-
doric, & à qui il devoit la couronne.
Cette princeffe, mariée à Eutharic, &
devenue veuve avant la mort de Théodo-
ric, régna pendant huit ans avec gloire
fous le nom de fon fils Athalaric. Celui-
ci étant mort, elle époufa Théodat, fon
coufin, avec qui elle comptoit partager
du moins l'autorité, & qui la facrifia à
l'ambition de régner feul. Il fut à fon
tour la victime de Vitigès, général de fes
armées, qui le fit périr, & s'empara du
trône.

Deux lieues au-delà de Bolzene, on
trouve Aquapendente, derniere ville de
l'état eccléfiaftique, en revenant de Ro-

me. Quelque petite qu'elle foit, elle n'en eſt pas moins épiſcopale. Il eſt vrai que les évêchés ſont fort multipliés en Italie, puiſqu'on y en compte deux cents cinquante-huit, & quarante métropoles, qui ſont deux cents quatre-vingt-dix-huit ſieges, ou dioceſes. Le ſeul royaume de Naples en a cent vingt-huit ; les états du pape, dans l'Italie moyenne, cinquante-trois, dont trois métropoles ; les états de Ravenne, Ferrare & Bologne, Parme & Modene, dix-huit ; l'état Vénitien, vingt-trois ; la Toſcane, dix-ſept ; le Mildnais, dix-huit ; le Piémont, cinq ; Gênes, ſix ; la Sicile, onze ; la Sardaigne, ſix ; la Corſe, cinq ; Luques, un. Le pape nomme à preſque tous les archevêchés & évêchés de l'Italie ; il y en a peu dont les ſouverains aient la nomination. Le roi de Naples, ſur cent vingt-huit, ne nomme qu'à vingt-cinq, & à aucun de la Sicile. Le roi de Sardaigne nomme les ſix de cette iſle. Le grand duc de Toſcane, préſente trois ſujets pour chaque ſiege, & le pape choiſit. Tous les autres ſont à la nomination du pontife.

Les évêchés étant en ſi grand nombre en Italie, il eſt aiſé d'en conclure qu'il y en a beaucoup d'un revenu médiocre, & d'un territoire fort borné. Auſſi la plupart ne valent-ils pas nos cures du pre-

mier ni même du fecond ordre. On pourroit, en comparant ces prélats aux nôtres, les appeller des évêques à portion
congrue. Ils ne fortent guere de leurs
diocefes; c'eft le corps le plus régulier
de la prélature italienne. Je veux bien
croire que leur réfidence vient principalement de l'amour du devoir; mais je n'en
foupçonne pas moins que la médiocrité
de leur fortune y contribue auffi. Nous
ne voyons point nos curés augmenter,
par leurs équipages, les embarras de Paris.

Je partis heureufement très-matin d'A-
quapendente, fans quoi j'aurois pu être
arrêté long-temps, par un torrent, au
pied de la montagne de Rodicofani, une
des plus hautes de l'Apennin. Le lit en
étoit à fec quand j'y arrivai, & je le
traverfai en chaife; il y avoit quelques
flaques d'eau dans les endroits les plus
bas, ce qui n'empêchoit pas des gens
de pieds de paffer, au moyen de petits
détours. Mais comme l'efpace que remplit le torrent, dans fa force, eft fort
large, je les voyois fe preffer, & ce n'é-
toit pas fans raifon. Les nuages noirs qui
s'affembloient, embrafferent bientôt tout
l'horifon, & à peine fûmes-nous paffés,
qu'il tomba un déluge avec des coups de
tonnerre, tels qu'on les entend dans ces
montagnes & entre des rochers qui ré-

fléchiffent & propagent la détonation. J'a-
vois, en allant à Rome, éprouvé le froid
le plus vif fur Radicofani, & à mon retour j'y effuyai le plus violent orage, qui
dura tout le temps que nous mîmes à
monter la montagne. Les éclairs ef-
frayoient nos chevaux, & la pluie étoit
fi abondante, que nous étions comme
dans un nuage épais, qui nous laiffoit à
peine voir quatre pas en avant. Le ciel
enfin s'éclaircit, & nous fîmes halte à
une auberge ifolée, un peu au-delà du
point où l'on commence à defcendre.

De Rome à Florence, on ne trouve
de ville confidérable, que Sienne, propre & bien bâtie; mais fa population ne
répond pas à fon étendue; ce qui prouve
qu'elle a été plus floriffante qu'elle ne
l'eft aujourd'hui. La fociété y eft, dit-
on, fort aimable; on y parle auffi purement l'italien qu'à Florence, & fans l'â-
preté & l'accent guttural du florentin.
J'ai même obfervé que les villageois des
environs s'exprimoient mieux qu'ailleurs.

J'arrivai de très-bonne heure à Florence, le famedi 25 avril. Après avoir
pris mon logement dans une maifon très-
propre, fur le bord de l'Arno, j'allai voir
le marquis de Barbantane, notre miniftre, avec qui je paffai les trois jours que
je reftai à Florence. Je les employai, par

le plus beau temps, à voir ce qui mérite d'être vu, & sur-tout la galerie, où l'on pourroit rester huit jours de suite sans les regretter; & l'on n'en sort qu'avec le desir d'y retourner. Il y a des détails imprimés d'une partie des choses qu'on y voit, & comme je crois l'avoir dit, je n'ai aucun dessein de copier ce qu'on lit ailleurs; j'y recours moi-même quand je veux me rappeller ce que j'ai vu, & je ne fais ce journal de mon voyage que pour ma satisfaction particuliere, & non pour l'impression.

M. d'Aubeterre avoit écrit en ma faveur à M. de Rosamberg, son ami, premier ministre du grand duc; mais quand j'arrivai, j'appris qu'il étoit parti depuis deux jours, avec le prince, pour trois semaines. J'en fus très-fâché, car j'avois principalement dessein de voir le grand duc, dont j'avois entendu des éloges qui ne m'étoient pas suspects. La plus grande des curiosités pour moi, c'est un prince digne de l'être. Il y en a assez de loués par des courtisans & des poëtes; le grand duc l'est par le peuple & les paysans; voilà les vrais panégyristes. Il vient d'affranchir les campagnes de la tyrannie de la chasse; les laboureurs ne verront plus leurs moissons dévorées par les bêtes fauves,

ves, *in exultatione metent*, & ailleurs, *e minant in lacrymis.*

Les fpectacles n'ayant pas encore cefſé à Florence, j'y vis l'opéra bouffon, dont la mufique eſt agréable, & les pieces miſérables. Je n'en ai guere vu d'autres en Italie. Goldoni eſt le premier & le ſeul qui ait commencé à imiter le théâtre François dans la comédie.

Je partis de Florence le mardi 28 avril, pour me rendre à Bologne, où je ſéjournai juſqu'au lundi au ſoir, 4 de mai. J'avois remarqué en paſſant les montagnes par où l'on arrive à Piétra-Mala, des preuves viſibles d'anciens volcans, dont les éruptions ſont antérieures à toutes les hiſtoires; & il en eſt ainſi d'une grande partie de l'Italie. Un voyageur inſtruit, & tant ſoit peu attentif, en voit par-tout des veſtiges, tels que des pierres ponces, des pyrites, des laves durcies, qu'on a priſes pour des pierres de carrieres ordinaires.

Bologne eſt dans un plateau de la plus belle culture, & de la plus forte végétation, & la campagne étoit alors dans ſon état le plus brillant. La ſaiſon & le temps engageoient à la parcourir, & j'en goûtai les plaiſirs. A l'égard du temps que je paſſai dans la ville, je l'employai exactement en homme de lettres. Ma premiere

I

vifite fut chez le vieux Zanotti, fecretaire de l'inftitut, qui me reçut en confrere ; il me préfenta à tous les profef-
feurs, qui me comblerent d'honnêtetés.
L'un d'entr'eux, nommé Pozzi, profeffeur de chymie, éleve de Rouelle, m'offrit d'être mon *Cicerone* dans Bologne,
dont il me fit voir tout ce qui eft digne
de curiofité. L'inftitut feul fuffiroit pour
honorer la capitale d'un état. C'eft un palais qui renferme tout ce qui concerne
les fciences & les arts, aftronomie, mé-
chanique, phyfique, anatomie, peinture, fculpture, bibliotheque, &c. rien n'y
eft oublié en leçons & en modeles. La
falle deftinée à l'inftruction des fages-
femmes, eft un établiffement qui devroit
fe faire dans toutes les villes, qui peuvent entretenir un démonftrateur dans
cette partie fi néceffaire de l'art d'opé-
rer. On voit dans une des falles de l'inftitut, des modeles en cire, de grandeur
naturelle, de toutes les manieres dont
l'enfant peut fe préfenter pour fortir de
la matrice, & le profeffeur donne en conféquence des leçons fur la conduite que
doit tenir la fage-femme dans tous les
cas poffibles. Les femmes étant admifes
dans les académies d'Italie, Laura Baffi
occupe à Bologne la chaire de phyfique.
Elle parle le françois, & c'eft en latin

qu'elle donne ſes leçons. Il y a peu d'années que la ſignora Agneſe, de Milan, profeſſoit les mathématiques avec éclat. Elle s'eſt depuis retirée dans un couvent d'un ordre très-auſtere. Le comte Marſigli eſt le fondateur de l'inſtitut, qui eſt lié à l'univerſité & aux anciennes académies. Il y conſacra ſa fortune, & l'illuſtra par ſes connoiſſances en tous genres. Le pape Benoît XIV, natif de Bologne, a donné à l'inſtitut un nouvel éclat par ſes bienfaits & une protection éclairée. On ſait que Bologne, quoique dépendante du pape, qui y tient un légat, conſerve une image de liberté & de république. Elle a un ambaſſadeur à Rome, & un auditeur de Rote; elle fait battre monnoie, ſur laquelle on lit, *Bononia docet :* témoignage public de ſon amour pour les ſciences.

Le docteur Pozzi ne ſe contenta pas de me faire voir les palais, il me préſenta aux perſonnes les plus conſidérables. Il y avoit alors à Bologne un homme, ou plutôt un perſonnage qui avoit joué un grand & triſte rôle à la cour d'Eſpagne; c'étoit le Caſtrat Farinelli, ce chanteur célebre. Après avoir fait connoître ſon talent dans les principales cours de l'Europe, il s'étoit arrêté à celle d'Eſpagne. Le roi Ferdinand & la reine ſa

(196)

femme s'étoient tellement paffionnés pour
lui, que fa faveur éclipfoit le crédit des
miniftres. Auffi tous les princes qui avoient
à négocier à cette cour, s'adreffoient-ils
à lui, le combloient de préfens, & lui
écrivoient des lettres telles qu'ils en auroient adreffées aux Ximenès & aux Oli-
varès. Farinelli affiégé par les courtifans,
recherché par les miniftres, décoré de
l'ordre de Calatrava, ne négligea pas fa
fortune ; mais ce qui eft fans exemple, il
ne fe laiffa pas enivrer de la fumée de
la faveur, parut toujours modefte, &
refpecta même les grands qui réclamoient
fa protection. Un d'entre eux lui deman-
dant un jour fes bontés : *Voilà*, dit-il,
des expreffions bien fortes pour les plai-
firs que je puis faire : je vais, fi vous
le defirez, vous chanter une ariette :
c'eft tout ce qu'un feigneur tel que vous
peut attendre de quelqu'un comme moi.
Il difoit quelquefois qu'il regrettoit la
vie libre & vagabonde qu'il avoit menée
avec fes camarades, & que des chaînes,
pour être d'or, n'en étqient pas moins
pefantes. Cette façon de penfer eft d'autant plus étonnante, que ces êtres dégra-
dés ont la plus haute opinion de l'importance de leur talent. La nature femble leur avoir donné, par compaffion &
pour confolation, la vanité la plus folie.

Cafarielli difoit, en parlant de Farinelli, qu'il avoit été premier miniftre en Efpagne, &, ajouroit-il, le méritoit bien, car c'eft une voix admirable. La maniere dont on traite les plus diftingués de ces caftrats, doit auffi leur tourner la tête. La feconde dauphine ayant le goût de la mufique italienne, on fit venir à Verfail-Cafarielli, à qui l'on entretint pendant fon féjour un carroffe & une table de fix couverts, traitement exactement pareil à celui du confeffeur du roi. Il ne chanta qu'une fois en public : ce fut un oratorio, dans la chapelle du Louvre, le jour de la Saint-Louis, en préfence de l'académie Françoife, & fon paiement fut une bourfe de cent jetons. Sa fatuité, en fait de bonnes fortunes, étoit une chofe curieufe. On ne pouvoit s'empêcher de rire du contraf[te de]fes prétentions & de fon état, qui p[ourta]nt n'étoit pas méprifé par certaines femmes. Une obfervation à faire par un philofophe, eft que la multitude de ces caftrats, voués & livrés uniquement à la mufique dès l'enfance, il n'en fort point de bons compofiteurs. On en doit inférer que ce dont on les prive a de grandes influences fur les facultés de l'ame.

Farinelli, dans l'opulence, tient à Bologne une bonne maifon, qui ne le fauve pas de la mélancolie. Affranchi de la cour à la mort de Ferdinand, il paroît aujourd'hui en regretter l'efclavage, comme il y regrettoit fa liberté. Il prouve, comme Buffi-Rabutin, que fi la cour ne rend pas heureux, elle empêche, après une longue habitude, qu'on ne le foit ailleurs. On me propofa de me mener chez lui, mais quoique j'aie autant de pitié pour les miniftres difgraciés qui prennent fi vivement leur état, que d'éloignement pour ceux qui font enivrés de leurs places, je ne crus pas devoir aller m'attrifter avec Farinelli.

Je trouvai à Bologne un homme plus à plaindre qu'un vieux caftrat blafé. C'é-toit le marquis de Govea, oncle du duc d'Aveiro, exécuté avec une partie de fa famille, pour l'attentat commis fur le roi de Portugal. Quoique le marquis de Govea voyageât chez l'étranger, lors du crime, il a été compris dans le châtiment par la perte de fes biens, & s'eft fixé à Bologne, où il vit d'une modique penfion que le roi d'Efpagne lui fait, m'a-t-on dit, par compaffion pour un innocent qui a le malheur de tenir de trop près à une famille coupable, pour pouvoir jamais rentrer dans fa patrie. Je l'avois remarqué dans un café de la place du palais, où s'affemblent, comme à Paris, les nouvelliftes & les défœuvrés de la ville, & où j'allois le matin prendre du thé, entendre difcourir, & me mêler de temps en temps à la converfation. J'y repaffois le foir après avoir employé la journée à voir ce qui le méritoit, les favans & les perfonnes les plus diftinguées. Il y avoit toujours dans les différentes falles de ce café un monde confidérable. Le hafard m'ayant fait affeoir auprès du marquis de Govea, je vis qu'il avoit l'ordre de Chrift, & que fes habits n'annonçoient pas l'opulence. Je m'informai tout bas de fon nom & de ce qu'il étoit. L'ayant fu, je lui fis politeffe & liai converfation avec lui. Il y parut fenfible, car ayant appris que j'allois à Venife, il me donna le lendemain une lettre pour un particulier, de cette ville, dont il avoit tenu un enfant avant fa difgrace, & chez qui je ferois mieux qu'à l'auberge, dans le concours d'étrangers qui fe rendoient à Venife pour le carnaval de l'Afcenfion.

Avant de quitter Bologne, je voulus faire une vifite aux dominicains avec qui j'avois voyagé. Leur couvent peut être regardé comme le chef-lieu, la métropole de l'ordre, puifque c'eft là que leur St. Dominique eft mort, & non enterré ; car on comprend bien que tout fondateur d'ordre doit être canonifé & avoir fon

autel & non fon tombeau , depuis St. Ul-
daric , premiere canonifation , par Jean
XVI , dans le dixieme fiecle , jufqu'à notre mere de Chantal , fur qui je pourrois
parler , fi je n'avois pas des amies à la
Vifitation. Je ne fus point tenté de brûler
un cierge devant le fondateur de l'inquifition , patron des incendiaires ; mais j'admirai fa chapelle , & entendis d'affez
bonne mufique. A propos d'inquifition ,
on prétend qu'à Touloufe les dominicains
continuent de donner à l'un de leur moines le titre d'inquifiteur. Si cela eft , il
n'y a rien de fi étonnant que leur impu-
dence , fi ce n'eft l'indugence du parlement qui le fouffre. Mais l'exemple des
Calas prouve que ce tribunal eft auffi fanatique qu'un moine ultramontain. Mes
compagnons de voyage me firent le
plus grand accueil , & me montrerent les
beautés de leur maifon. Je les priai de
me conduire à leur bibliotheque , qui
eft affez nombreufe & dans un très-beau
vaiffeau. J'y remarquai beaucoup de bons
livres. Mais le plus grand nombre eft ,
comme dans tous les couvens , une armée de théologiens, de fcholaftiques , de
myftiques , & de pareilles compilations.
Je ne tirai aucun de ceux-là des tablettes ,
mais j'en ouvris plufieurs de différentes
claffes , & je remarquai l'attention de mes

conducteurs fur ce qui attiroit la mienne.

De la bibliotheque, nous allâmes à un lieu plus intéreffant pour les moines, au réfectoire. Ils me firent voir enfuite leur cellier; je n'en ai jamais vu de plus grand ni mieux garni. Je fus étonné d'une fi grande quantité de vins chez une nation où je ne crois pas avoir vu un homme ivre. Il y avoit, dans une enfilade de caves, de quoi abreuver tous les chapitres d'Allemagne. On m'offrit de déjeûner; mais devant partir le jour même, & n'ayant que le temps de faire préparer mes malles, je les remerciai, & allai à mon auberge, où j'avois ordonné mon dîner.

J'avois deffein de connoître toutes les façons de voyager en Italie; & quand ce n'eût été que pour me délaffer des cahots de la route de terre, je voulus prendre place dans la barque du courier qui part toutes les femaines pour Venife. Je m'y embarquai donc le lundi 4 mai, à huit heures du foir. Cette voiture n'eft pas chere; trois fequins furent le prix qu'on me demanda, & que je donnai à ce courier. On vogue toute la nuit fur différens canaux; car on paffe de l'un à l'autre, & l'on change trois fois de barque jufqu'à Ferrare, où l'on arrive le matin. J'eus le temps, avant de dîner, de parcourir la ville, & rentrai, vers trois heures après-midi, dans une barque qu'on remorque jufqu'à cinq milles de Ferrare. Là on s'embarque fur le Pô, dans une efpece de gabare pontée, où l'on paffe la nuit ; & le mercredi 6, nous arrivâmes vers quatre heures après-midi, à la vue de Venife. Nous étions près d'entrer dans les lagunes, lorfqu'un violent ouragan nous força de jetter l'ancre ; & dès qu'il fut calmé, j'entrai avec le courier dans un canot, & quatre bons rameurs nous firent bientôt arriver dans la ville. Je pris une gondole, qui me conduifit à la maifon que le comte de Govea m'avoit indiquée. Le maître, à qui je remis la lettre du comte, me parut avoir confervé pour lui le refpect dû à la naiffance & au malheur. Il me reçut très-bien, & j'y fus mieux que je n'aurois été ailleurs, toutes les auberges étant pleines d'étrangers qui fe rendoient au carnaval de l'Afcenfion.

L a barque du courier étant entrée pendant la nuit, j'eus, dès le matin, tout ce que j'y avois laiffé. Je me rendis chez M. le Blond, conful de France, qui me fit toutes les offres poffibles de fervice. J'allai de-là au palais de France, où il n'y avoit alors que M. Adam, fecretaire de l'ambaffade, qui en ufa avec moi auffi

honnêtement que M. le Blond. Le marquis de Paulmy, notre ambaſſadeur, étoit
alors en France, par congé. Mon deſſein
n'étant pas de faire des liaiſons avec des
Vénitiens, que je ne devois jamais revoir,
mais de ſatisfaire ma curioſité ſur le matériel d'une ville unique dans ſon genre,
j'en trouvai toutes les facilités. Le comte
Durazzo, que j'avois fort connu à Paris,
ſe trouvoit alors ambaſſadeur de l'empereur à Veniſe. Ayant ſu, par quelques
François, que je devois arriver, je ne fus
pas plutôt deſcendu à mon logement,
que j'en reçus un meſſage, pour me faire
compliment, & m'inviter à venir ſouper
avec lui. Je voulus m'excuſer ſur ce que
j'étois en habit de voyage, & ne pouvois en cet état me préſenter devant madame l'ambaſſadrice, dont je n'avois pas
l'honneur d'être connu, & que le lendemain je me rendrois à leur palais. Je reçus un ſecond meſſage de la comteſſe,
qui me fit dire qu'en quelque état que
je fuſſe, elle me prioit de venir. Je m'y
rendis, & dès ce moment, M. Durazzo
fut mon principal guide pour parcourir
Veniſe. Son palais, ſur le grand canal,
eſt magnifique, & meublé du meilleur
goût. Il tient une excellente maiſon, dont
il fait parfaitement les honneurs, & dont
l'ambaſſadrice, grande, belle & bien faite,

eſt le principal ornement. Il a de plus, ſur la place St. Marc, un *caſin* meublé avec élégance, où il ſe renferme les ſoirs avec ſa ſociété particuliere, & où il m'admit. Les Vénitiens les plus opulens & hoinmes de plaiſir, ont auſſi leurs *caſins*, qui répondent à ce que nos gens à la mode appellent leurs *petites maiſons*.

Quand j'aurois voulu former quelque liaiſon avec des Vénitiens, il ſuffiſoit de connoître leurs loix & leurs mœurs, pour juger que cela n'eût pas été poſſible, après celle que j'avois formée avec des miniſtres étrangers, que j'avois trouvés chez le comte Durazzo. J'en ai cependant vu de la premiere claſſe de la république, & en ai même reçu beaucoup d'accueil ; mais ils étoient dans ce moment en nombre conſidérable à une fête qu'ils donnoient au duc de Wurtemberg, & où je fus préſenté. Sans cette circonſtance, aucun de ces nobles ne m'auroit parlé tête à tête.

On ſait combien le gouvernement Vénitien eſt ſoupçonneux, & combien chaque citoyen noble ou citadin, craint de lui être ſuſpect. Nul gouvernement n'eſt ſi deſpotique ni ſi ſévere que cette ariſtocratie. La nobleſſe forme collectivement un deſpote, dont chaque noble faiſant une petite portion intégrante, eſt indivi-

duellement efclave. Il n'y a point de ful-
tan plus redoutable qu'un defpote im-
mortel. Sans troupes, fans garde appa-
rente, l'ordre fubfifte dans Venife, fous
l'aîle de la crainte de l'inquifition d'état.
Tout eft fait pour l'infpirer. Les procuraties offrent de toutes parts des troncs
fous la forme de mafques de lion, avec
des infcriptions qui, fous le titre de *de-
noncie fecrete*, invitent les paffans à dénoncer ténébreufement & fans crainte de
recherche, ce qu'ils favent ou croient,
ou veulent faire croire de contraire au
gouvernement. Tous les fujets de déla-
tion font articulés fur différens marbres.
La premiere idée d'un étranger eft, qu'on
doit être dans une inquiétude continuelle,
au milieu d'une foule d'efpions contre-ef-
pionnés. Cependant le peuple, proprement
dit, n'eft, ou ne fe peut croire en aucun
lieu plus libre qu'à Venife. On convien-
dra, je crois, que l'être le plus libre eft
celui qui peut, fans la moindre contrainte, fatisfaire tous fes defirs. Voilà exactement l'état du peuple, & fur-tout, celui
du bas peuple Vénitien. Ses jouiffances
font en proportion avec fes defirs, & fes
defirs avec fes moyens. Borné aux feuls
befoins phyfiques, fes idées ne vont pas
plus loin. Il ne defire que ce qu'il fait,
& fait tout ce qu'il defire. Il peut fe li-

vrer à tout ce qu'une police plus févere,
fur les mœurs, peut défendre ou modé-
rer ailleurs. Le gouvernement a grand
foin que la ville foit abondamment pour-
vue de vivres, & à un prix proportionné
aux falaires. Le peuple a de plus une
opinion de lui qui affermit fon attachement & fon obéiffance au fénat, & dont
fon imagination eft flattée : il fe regarde
comme l'appui & le défenfeur de fes
maîtres.

J'eus bientôt la preuve qu'un étranger,
dès fon entrée dans Venife, fans être con-
traint fur fes plaifirs, n'en eft pas moins
obfervé par le gouvernement. Peu de
jours après mon arrivée, je fus préfenté
au duc de Wurtemberg, qui m'invita aux
fêtes qu'on lui donnoit ; & dès le foir
j'allai à une des affemblées, dont plufieurs
des principaux nobles faifoient les honneurs. La converfation s'engagea entre
eux & moi, & je vis qu'ils favoient déja
les lieux que j'avois parcourus, tels que
les procuraties, l'arfenal, &c. Ils me demanderent fi je ne féjournerois pas tout
le temps du carnaval d'été, pour voir la
régate, fête qui fe donne raremeht, &
dont on préparoit le fpectacle pour le
prince. Cette régate eft une courfe de
gondoles fur le grand canal, avec des prix
pour les vainqueurs. Des femmes & des

filles font admifes à les difputer ; & j'en vis fur de petits radeaux de planches, étroits, allongés & à fleur d'eau, parcourir en peu de minutes toute l'étendue du canal. Les concurrens pour les prix s'exerçoient journellement, & j'en avois fi fouvent été témoin, que je ne devois pas être fort curieux du vrai concours. Ma curiofité, fur des objets plus importans, étant fatisfaite, je ne comptois pas m'arrêter pour de fimples fpectacles. Je répondis à ceux des nobles qui me preffoient de refter, que mon congé de voyage étant limité, j'étois obligé de retourner en France. Sur quoi un d'entr'eux me dit obligeamment, qu'il étoit tenté de me dénoncer aux inquifiteurs d'état, pour me faire prolonger mon féjour.

Le duc de Wurtemberg étoit depuis quelques mois à Venife, & fe propofoit de s'y arrêter encore. Son goût pour les fêtes, les fpectacles & les autres diffipations de cette nature, l'avoit engagé dans de fi prodigieufes dépenfes, que les adminiftrateurs de fes états travailloient alors à le mettre dans une efpece de tutele. A l'égard de fon féjour à Venife, il ne lui étoit pas fort onéreux.

Lorfque des princes d'un certain rang fe trouvent à Venife, fans garder *l'incognito*, le fénat nomme quelques-uns de fes

membres pour les accompagner & fub-
venir à la dépenfe. Telle eft la politique
de cette ariftocratie, qu'elle charge des
poftes & des emplois les plus onéreux,
ceux de fes membres qu'une opulence
marquée peut rendre fufpects de vouloir
fe diftinguer trop de leurs égaux. Ceux à
qui elle confie des gouvernemens, *regi-
menti*, leurs ambaffadeurs même dans les
différentes cours, ne reçoivent rien, ou
reçoivent peu de la république. Elle a de
plus l'attention de confulter à la fois &
la capacité & la fortune de ceux qu'elle
charge d'une fonction. Si la longue durée de la conftitution d'un état étoit la
preuve de fa meilleure forme d'adminiftration pour le bonheur des fujets, Venife l'emporteroit fur tous les autres. Cette
queftion feroit un problême politique à
réfoudre.

Il n'étoit pas naturel, qu'étant perfonnellement attaché au roi, par ma place,
je n'allaffe pas à Parme faire ma cour à
fon petit-fils. Je partis, dans ce deffein,
de Venife, à minuit, le famedi 16 mai,
par la barque de Modene. Les cahots
qui m'avoient fatigué fur plufieurs routes, me faifoient préférer les voitures par
eau, où j'avois la faculté de lire & d'obferver, auffi bien que par terre, les pays
que je traverfois. On change de barque

à la Polefine, où l'on foupe pendant le déménagement. Le patron me fourniffoit un matelas, de façon que je me trouvois encore mieux dans la chambre de la barque, que dans les lits dégoûtans des auberges de Rome à Naples. Nous dînâmes, le dimanche, dans une auberge, fur le bord du canal. On arrive le lundi, vers cinq heures du matin, à Pontelago, où le courier s'arrête quelque temps, pour laiffer ou prendre des envois. On paffe, vers onze heures, du Pô dans le Panaro, & l'on dîne dans la barque. On arrive vers dix heures du foir au Final, dans le Modenois. On y paffe la nuit, & le mardi matin, un commis vient, moins faire la vifite de la barque & des malles, que recevoir quelques paoles, que le courier m'avertit de donner, & que je lui fis donner, fans même le regarder, l'argent étant la feule politeffe que ces fortes de gens exigent. Quatre lieues avant d'arriver au Final, à Bondino, j'avois remarqué un pont de trois arches, nouvellement conf-truit. Les culées, la bafe des deux piles & les parois extérieurs des ceintres, font de pierre ; le refte eft en brique. Ce pont fait, & très-bien fait, l'a été en trois mois, par économie, aux frais des communes des environs, & n'a coûté que 45 mille écus romains, qui font à-peu-près 80

mille livres de notre monnoie. Cette lé-
gere dépenſe une fois faite, en épargne
au pays une infinité d'autres de détails
journaliers, dont la maſſe étoit plus oné-
reuſe, ſans compter les embarras & les
longueurs dans la circulation du commerce, & la communication des denrées. On
ne voit nulle part exécuter auſſi promp-
tement, & à ſi peu de frais qu'en Italie,
des entrepriſes, ſoit de conſtructions ſo-
lides, ſoit de décorations. Le théâtre de
Saint-Charles à Naples, dont la cage &
les eſcaliers ſont en pierres, a été conſ-
truit en moins d'un an, & celui de Paris
en a exigé dix.

Le mardi 19, je dînai, ſoupai & paſ-
fai la nuit dans la barque; mais dans le
cours du voyage j'en ſortois pour me promener, en la côtoyant, dans les lieux où
le payſage & la vue étoient le plus agréables dans cette belle ſaiſon. Il falloit que
le patron fût content de moi, & que je
ne lui fuſſe pas onéreux, car il me donna
toujours du café après mon dîner; ce
qui n'étoit pas du marché. Il n'y avoit
avec moi de paſſagers qu'un marchand de
Parme, avec ſa femme & un enfant de
ſix mois, qu'elle allaitoit. Elle étoit grande,
d'une taille dégagée, jeune & aſſez jolie.
Le mari, d'environ trente ans, étoit bien
de figure, & avoit eu de l'éducation; car

il connoiſſoit paſſablement les auteurs la-
tins. Une mere tendre, jeune, & allaitant
ſon enfant, dont elle prenoit le plus grand
ſoin, étoit pour moi un tableau intéreſ-
ſant. Je lui fis cependant quelques repré-
ſentations ſur la maniere dont elle ſoignoit
ſon enfant. Cette petite créature, empri-
ſonnée dans ſon maillot, crioit ſouvent.
La mere n'y ſavoit autre choſe que de
lui préſenter le teton, ou de lui donner
de la thériaque. Je lui en vis prendre le
premier jour près d'une demi-boîte. Cela
me fit penſer que cet électuaire n'eſt pas
auſſi échauffant qu'on le ſuppoſe, ſans
quoi l'enfant auroit eu les entrailles brû-
lées par un ſi fréquent uſage. Mais cela
ne me perſuada pas que ce fut un bon
régime. Je dis à la mere de le dégager
de ſon maillot, & attendu la douceur du
temps, d'eſſayer de le laiſſer nud avec
toute la liberté de ſes petits membres.
Elle le fit, & l'enfant ne cria plus. Elle
& le mari, d'après l'expérience, me re-
mercierent du conſeil. Je crois que, dans
la ſuite, la mere aura ſupprimé la thériaque & les entraves, & que dans les temps
moins doux, elle ſe ſera bornée à couvrir & envelopper ſon enfant, ſans l'em-
maillotter. Je deſire qu'elle ait indiqué à
d'autres une méthode ſi ſimple.

Le mercredi 20, nous arrivâmes à Modene à portes ouvrantes, par le plus beau temps, & très-chaud. La ville me parut riante & aſſez propre. Sans vouloir contre-dire ceux qui la qualifient de fangeuſe, je me contenterai, à ce ſujet, d'une réflexion que les voyageurs m'ont fait faire. Ils décident communément du climat, de la température, du beau ou du mauvais temps, ſuivant celui qu'il faiſoit quand ils paſſoient en différens lieux, & en font l'état habituel. Malheur aux villes qu'ils ont traverſées par la neige, la pluie ou la grêle !

Depuis ſix heures du matin juſqu'à cinq heures du ſoir que je reſtai à Modene, ſi j'en excepte le temps du déjeûner & du dîner, le reſte fut conſumé dans les tracaſſeries des douanes, d'entrée & de ſortie. On s'en tire avec des paoles ; mais cela n'en eſt pas moins incommode, & c'eſt un des déſagrémens du voyage d'Italie, par la multiplicité des petits états dont on peut quelquefois traverſer deux ou trois dans le même jour.

Après avoir laiſſé paſſer le fort de la chaleur, nous prîmes, mes compagnons de voyage, mon domeſtique & moi, une voiture à quatre, qui nous mena coucher à Reggio, où nous fûmes aſſez bien traités. Nous en partîmes le lendemain à la pointe du jour, & entrâmes dans Parme

vers huit heures du matin. Auſſi-tôt que
j'eus pris un logement à la poſte, j'allai
chez le baron de la Houze, miniſtre de
France, que je trouvai prévenu de mon
arrivée, & dont, ſans en être perſonnellement connu, je reçus l'accueil qu'il auroit pu faire à un ami. Il envoya ſur le
champ chez le premier gentilhomme de
l'infant, ſavoir quand je pourrois être préſenté. Sur la réponſe que je pouvois venir ſur l'heure, je n'eus que le temps d'aller m'habiller. Le baron vint me prendre
dans ſon carroſſe, & me conduiſit au palais. Je fus donc préſenté à l'infant, comme il ſe mettoit à table. Il me retint pendant ſon dîner, & engagea la converſation, m'adreſſant ſouvent la parole. Pluſieurs dames aſſiſtoient à ſon dîner; c'é-
toit le ſeul temps où elles pouvoient lui
faire leur cour juſqu'à ce qu'il fût marié.
Je ne me retirai que lorſqu'il fut levé de
table, & j'allai avec le baron de la Houze
dîner chez lui, où je trouvai très-bonne
compagnie, & entr'autres les PP. Jacquier
& le Sueur, minimes François, les meilleurs phyſiciens de l'Italie, qui étoient
venus de Rome paſſer quelque temps auprès de l'infant, & lui donner des leçons.
L'abbé Frugoni, homme de beaucoup
d'eſprit, & quelques gentilshommes diſtingués, étoient auſſi du dîner.

L'après dînée j'allai me promener dans les jardins du palais, où l'infant m'ayant apperçu, me fit appeller. Il étoit entre son premier gentilhomme, son capitaine des gardes, & le chevalier de Kéralio, son gouverneur, gentilhomme Breton, & du plus grand mérite pour élever un prince. L'abbé de Condillac, son précepteur, étoit aussi le meilleur choix qu'on pût faire. Le temps de ses fonctions étant fini, il étoit alors retourné en France, où il est entré depuis à l'académie Françoise. Si l'on préjuge ce que fera le prince par ceux qui l'ont élevé, on n'en peut tirer qu'un favorable augure. Ils ont d'abord eu besoin, avant d'édifier, de détruire dans leur éleve l'ouvrage des femmes auxquelles son enfance avoit été confiée, & dont il avoit reçu les premieres impressions. Ces especes de gouvernantes sont à-peu-près les mêmes dans toutes les cours. On ne devroit les charger que du physique, & la vraie éducation doit se commencer presque à la naissance. Quoi qu'il en soit, j'ai trouvé dans l'infant beaucoup plus de connoissance de belles-lettres & des sciences, que dans nos seigneurs, d'un âge plus avancé, & qu'on suppose les mieux élevés, si j'en excepte un Gisors, un Montmirail, un la Rochefoucault, les jeunes Noailles, & très-peu

d'autres. Je cherche à m'en rappeller, &
il ne s'en préfente point dans ce moment
à ma mémoire; j'en trouverois peut-être
encore un peu en cherchant beaucoup.
Je ne ferois pas fi embarraffé s'il falloit
nommer leurs contraftes. A l'égard du
caractere de l'infant, les lettres que M.
de Lomellini en avoit reçues, & qu'il
m'avoit communiquées à Gênes, durent
me prévenir favorablement, & je ne remarquai rien dans ce prince, en lui faifant ma cour, qui ne fortifiât mon opinion. J'ajouterai que l'infant ayant fû ce
que j'avois dit de lui à la cour, à mon
retour en France, écrivit une lettre, que
j'ai vue, & dans laquelle il mandoit qu'il
étoit très-fenfible au bien que j'en difois,
& qu'il efpéroit fe conduire toujours fi
bien, que je n'en écrirois point de mal
comme hiftoriographe. Je le defire; car,
en fait d'éloges les plus juftes donnés à
des princes, il faut prendre des dates &
fixer les époques. Pendant la promenade,
où il me permit de l'accompagner, nous
voyions de fa terraffe le champ de la bataille de Parme, qu'il raconta très-bien,
détaillant les pofitions & les mouvemens
des armées, comme il l'avoit appris de
fon gouverneur, qui s'étoit trouvé à cette
affaire. Lorfqu'il rentra dans fon appartement, il voulut que je l'y fuiviffe. J'y

reftai. à m'entretenir des affaires de France, avec le chevalier de Kéralio, pendant que le prince jouoit une partie avec fon premier gentilhomme & le baron de la Houze.

Un homme plus curieux à voir que beaucoup de princes, & fûrement plus rare, eft le miniftre de Parme, M. du Tillot. C'eft un homme de la plus exacte probité, de la phyfionomie la plus ouverte, & qui, chargé de toute l'adminiftration, a le travail le plus facile. Né d'une famille honnête, il fut d'abord premier valet-de-chambre du feu infant, gendre du roi. Ce prince en ayant fenti le prix, en fit fon miniftre, & fe repofa abfolument de tout fur lui. Il le fit marquis de Félino; & depuis le mariage du jeune infant, le roi l'a décoré du grand cordon de Saint-Louis. Le marquis de Felino ne devant fon élévation qu'à fon mérite, il ne croit pas devoir être important, comme ceux qui doivent tout à la fortune. Les affaires ni les honneurs ne l'ont rendu ni trifte ni fat. Il m'invita à dîner le lendemain de ma préfentation à l'infant. Lorfqu'on fut levé de table, j'engageai la converfation avec lui fur fes opérations économiques, & l'on ne peut être plus content que je le fus de fes lumieres, & de fa facilité à les communiquer. Je lui

dis,

dis, en le quittant, que j'étois charmé d'avoir vu & entendu le grand miniſtre d'un petit état. On pourroit ſouvent dire le contraire ailleurs. Plut à Dieu que l'infant le prêtât pour quelque temps à.... Rien n'égale l'ordre que M. du Tillot a mis dans les finances. Tous les fonds aſſignés ſont appliqués à leur objet, & rien n'eſt dû à la fin de chaque mois. Comme j'en parlois à mon retour avec éloge, un de' ces hommes qui ſe piquent de voir tout en grand, & qu'on ne voit pas ſous le même aſpect, me dit qu'il y avoit une grande différence entre l'adminiſtration des finances d'un état puiſſant, & celle d'un petit. Ainſi, ajoutoit-il, celui qui fait bien manœuvrer deux mille hommes, ne commanderoit pas une armée. Mais s'il y a de la différence entre un grand & un petit état, il n'y en a pas moins entre les deux objets de comparaiſon de la finance & du militaire.

L'art de la guerre a bien des parties qui ſe perfectionnent par l'exercice, ſans quoi il ne feroit pas un art. Mais il exige de plus un génie particulier dans le général, pour préparer, ſaiſir les circonſtances & varier les reſſorts. Il n'y a point d'opérations où les cas fortuits ſoient ſi fréquens, & qui exigent un parti plus prompt, ſouvent oppoſé au premier plan.

K

Il falloit à Condé, dans ces occasions, ce coup-d'œil-d'aigle qu'on lui reconnoissoit. Turenne, son rival de gloire, avoit besoin de cette sagacité voilée par le phlegme, qui lui faisoit prévoir & s'asservir les événemens ; c'étoit la poudre cachée, qui ne se manifeste que par son explosion. Il falloit qu'un homme si peu avantageux fût bien sûr de son plan, pour dire, en parlant de Montécuculli, pour aujourd'hui, je le tiens. Le coup de canon qui, dans le moment, enleva ce grand homme, emporta aussi son secret ; aucun officier ne put l'imaginer. C'est que, pour le deviner, il falloit le génie qui l'avoit trouvé.

Il n'en est pas ainsi de l'administration économique. Probité, vigilance, esprit d'ordre & désintéressement personnel dans l'administrateur ; plus de raison que d'imagination systématique. Avec ces qualités, on gouvernera les finances de quelque état que ce soit : il ne s'agit que de trouver, & on le trouve quand on cherche, un Sully ou un du Tillot ; joignez-y un prince qui les laisse maîtres de leurs opérations. Il ne faut pas plus, ni d'autres ressorts pour donner le mouvement à trois cents millions qu'à trois millions. Quand le fardeau est plus lourd, il ne s'agit, pour le mouvoir, que d'alonger le levier ; mais c'est toujours le même principe de force. Du Tillot eût été Sully en France; Sully n'eût été que du Tillot à Parme. Un autre genre d'éloge, & dont je ne connois point d'exemple dans l'hiftoire, c'eft le foin qu'il prend d'inftruire fon jeune prince, dans l'art de gouverner lui-même. On pourroit dire du miniftre Parmefan, qu'il travaille continuellement à fe rendre inutile, bien différent de ces miniftres qui ne s'occupent que du foin de perpétuer l'enfance ou l'inapplication des princes dont ils ont la confiance. Tous les matins, le premier travail de M. du Tillot, eft d'avoir, avec l'infant, une conférence, dans laquelle il lui expofe l'état des affaires, le parti qu'on doit prendre, & le pourquoi.

Pour faire mieux connoître l'intelligence de ce miniftre, il faut confidérer avec quel revenu il fuffit à toutes les dépenfes, & même à la magnificence de la cour. Les états de l'infant peuvent avoir 400 lieues quarrées, dont la population paffe 500 mille ames. Ses revenus font entre 3 à 4 millions, en y comprenant 720 mille livres que lui donnent, moitié par moitié, la France & l'Efpagne.

L'archiducheffe Amélie, qu'il vient d'époufer, jouit, fur ces revenus, de 350 mille livres de domaine. Le mariage s'eft fait avec un genre de magnificence peut-être unique. On a fourni un habit de *gala* à tous ceux qui forment la cour, à chacun fuivant fon rang & fon état, fans furcharger le peuple. Je ne doute pas que le futur mariage du dauphin ne coûte des millions, fans un acte de no-bleffe. Les dépenfes feront folles & le peuple payera pour tous. En voilà beau-coup à l'occafion du miniftre d'un petit état ; je ferois plus court fur ceux d'un grand, en fait d'éloges.

Le vendredi, je dînai chez ce minif-tre, en très - bonne compagnie ; il me mena enfuite voir les plans du nouveau palais qu'il fait conftruire pour l'infant. On ne peut employer plus d'intelligence & d'économie, fans nuire à la magnifi-cence. De-là le comte Rezzonico, pa-rent du pape, & gouverneur de la ci-tadelle, m'y conduifit, & m'en fit voir toutes les parties.

Le famedi, je dînai chez le baron de la Houze, avec les PP. Jacquier, le Sueur & Pacciaudi. Ce dernier eft théatin & bibliothécaire de l'infant. C'eft un hom-me d'une grande érudition & de goût dans les lettres. J'appris de lui - même, qu'à la mort du cardinal Fabroni, il avoit acheté quelques-uns des livres de cette éminence, dans l'un defquels il avoit trouvé la lettre originale du P. le

Tellier, qui marquoit au pape, qu'ayant affuré le roi qu'il y avoit dans les réflexions morales plus de cent propofitions repréhenfibles, il en falloit abfolument condamner plus de cent, & que pour cet effet, il en dénonçoit 103. Le pape ne pouvoit donc pas faire moins que d'en donner une au-delà de la centaine. Sans quoi le P. Tellier eut fait une affertion hafardée. On ne peut pas tirer plus jufte. La lettre fut remife au cardinal Paffionei, ennemi ouvert des jéfuites, qui n'en garda pas le fecret.

Le baron de la Houze voulut encore qne je dînaffe le lendemain chez lui, où il fe trouva, comme la veille, quinze ou vingt perfonnes. M. de Leyre, fecretaire des commandemens de l'infant, homme de mérite, à qui l'on doit l'analyfe de Bacon, m'invita pour le jour fuivant ; mais je m'étois déja engagé avec M. Kéralio. L'infant vint nous y voir pendant que nous étions à table, & entra dans la converfation tant que dura le dîner. Je revins encore le foir lui faire ma cour à fon fouper, & partis le lendemain mardi 26. Je paffai l'après-midi à Plaifance, où je couchai. La ville eft affez belle, mais n'eft pas fort peuplée. Parmi les chofes remarquables qu'on y voit, les ftatues équeftres d'Alexandre & de

Ranuce Farneze, l'emportent fur toutes celles qu'on admire en ce genre.

Le mercredi, je me rendis à Milan, où je n'avois d'autre connoiffance que le P. Frifi, théatin, profeffeur de mathématique. Je l'avois vu à Paris, où il avoit reçu des gens de lettres l'accueil qu'il méritoit; & il ufa de repréfaille à mon égard, & voulut me préfenter aux perfonnes les plus confidérables de Milan, en commençant par le comte de Firmian, grand d'Efpagne, & gouverneur du Milanois, pour qui j'avois, d'ailleurs, une lettre de recommandation, la feule que j'aie acceptée dans tout le cours de mon voyage. Par-tout où nous avions des miniftres, je n'avois befoin que d'eux; & à Milan, je vis, par la confidération où le P. Frifi y étoit, que lui feul m'auroit fuffi. La veille de mon départ de Parme, le comte Rezzonico étoit venu me voir & me donner deux lettres, l'une pour le comte de Firmian, & l'autre pour une tante du pape. Je m'étois, en arrivant, logé au Pozzo, la meilleure auberge de Milan.

Le lendemain, jour de l'Afcenfion, j'allai chez le comte de Firmian, dont le palais, fur le bord du canal, eft très-beau, & meublé avec autant de goût que de magnificence. Je le trouvai au milieu d'une cour aussi brillante que nombreuse, & lui présentai ma lettre. Il la reçut poliment, & plus obligeamment encore la mit dans sa poche, sans l'ouvrir, en me disant : ces sortes de lettres ne sont pas faites pour vous. Nous étions prévenus de votre arrivée ; vous n'avez aucun besoin de recommandation ; j'espere que vous voudrez bien dîner avec moi. Il ajouta que M. le duc de Modene étoit absent ; mais que s'il eût été à Milan, il m'auroit vu avec plaisir, me connoissant de réputation. Il n'y eut point de bontés dont il ne me comblât. Comme on ne devoit se mettre à table que dans une heure ou deux, j'eus le temps de voir ses appartemens, & sur-tout sa bibliotheque, en très-bon ordre, & fournie des meilleurs livres, tant anciens que nouveaux. Quand on vint nous avertir qu'on alloit servir, je me rendis auprès du comte, qui avoit retenu une vingtaine de ceux qui étoient venus lui faire leur cour. Après un excellent dîner, il y eut une heure de conversation générale, & le comte s'étant retiré, pour faire ses dépêches, deux des convives, le marquis Carpani & le P. Frisi, me proposerent d'aller voir le dôme, (c'est ainsi qu'on nomme la cathédrale) édifice surchargé de figures & d'ornemens, dont l'ensemble m'a paru d'assez mauvais goût. Le jour fuivant, je vis le château, la bibliotheque ambroifienne, le lazaret, &c.

Le marquis Beccaria, auteur de l'ouvrage, *Dei delitti & delli pene*, que je comptois aller voir, me prévint, & nous eûmes enfemble une converfation au fujet de fon livre. Après lui avoir fait compliment fur le caractere d'humanité qui l'avoit infpiré, je ne lui diffimulai point que je n'étois pas de fon fentiment fur la conclufion qui tend à profcrire la peine de mort, pour quelque crime que ce puiffe être. Je lui dis qu'il n'avoit été frappé que de l'horreur des fupplices, fans porter fa vue, en rétrogradant, fur l'énormité de certains crimes qu'on ne peut punir que de mort, & quelquefois d'une mort terrible, fuivant les cas. Je convins de la févérité, à certains égards, de nos loix criminelles, telle que la queftion préparatoire; mais j'ajoutai, & je le penfe, que fans profcrire aucun genre de mort, il n'y auroit, pour la réforme de notre code criminel, qu'à fixer une gradation de peines, comme une gradation de délits. Il y auroit, fans doute, des délits qui ne feroient pas punis de mort, ainfi qu'ils le font actuellement; mais il y a des crimes qui ne peuvent l'être d'une mort trop effrayante. La rigueur du châtiment eſt, dans certaines circonſtances, un acte d'humanité pour la ſociété en corps. J'entrai dans quelques explications, & je finis par donner à l'auteur les éloges que mérite ſon projet, qui peut être l'occaſion d'une réforme dans le code criminel. Je crois cependant qu'on l'a trop exalté. Mais l'excès eſt l'eſprit du ſiecle, & peut-être l'a-t-il toujours été du François.

On eſt revenu depuis quelque temps de beaucoup de préjugés; mais on s'accoutume trop à regarder comme tels tout ce qui eſt admis. Dès qu'un auteur produit une idée nouvelle, elle eſt auſſi-tôt reçue comme vraie; la nouveauté ſeule en eſt le paſſe-port. Je voudrois pourtant un peu d'examen & de diſcuſſion avant le jugement. Doit-on enſeigner des erreurs aux hommes? La réponſe ſera courte. Jamais.

Doit-on les détromper de toutes? Ce ſeroit la matiere d'un problême qu'on ne réſoudroit pas ſans faire des diſtinctions. Il faudroit d'abord s'aſſurer ſi ce qu'on prend pour des erreurs, en ſont en effet; & enſuite, ſi ces prétendues erreurs ſont utiles ou nuiſibles à la ſociété.

Je partis de Milan, le ſamedi 30 mai, dans un carroſſe coupé, mon domeſtique à côté de moi. Le voiturin ne me demanda, porté & nourri, que cinq fequins vénitiens, que je lui donnai. Il eſt vrai que je lui faiſois grace du fouper, que je ne ſtipulai jamais que pour aſſurer le gîte : ce qui faiſois que les voiturins, étant contens de moi, n'en agiſſoient que mieux. Cette façon de voyager à petites journées, dans les plus grands jours de la plus belle faiſon, & par un très-beau temps, me plaiſoit aſſez. Je n'avois, juſ-ques à Turin, qu'à traverſer des lieux qui ne méritent pas qu'on s'y arrête, & je jouiſſois de l'aſpect de campagnes bien cultivées, & dans le primevert.

Je vins, en fortant de Milan, dîner à Bufalore ; dans une auberge au bord d'un canal navigable, & d'une eau ſi limpide, qu'on diſtingueroit au fond une épingle. Je couchai à Novarre, dînai le lendemain à Verceil, couchai à Ligourne, & le jour ſuivant, paſſant par Chivai, j'arrivai à Turin à la meilleure auberge, & à l'heure où l'on alloit ſe mettre à une table d'hôte pour dîner. J'y pris place avec douze ou quinze officiers & autres. Après le repas, qui fut aſſez bon, je profitai de la beauté du jour pour une promenade ſur les remparts & à la citadelle. En rentrant le ſoir, j'envoyai chez M. le baron de Choiſeul, pour ſavoir à quelle heure il ſeroit viſible le lendemain. Pour réponſe, il m'envoya un valet-de-chambre m'inviter à ſouper chez lui avec le marquis de Paulmy, qui venoit d'arriver de France, retournant à l'ambaſſade de Veniſe, le même jour que j'arrivois auſſi à Turin pour retourner en France. J'étois déja déshabillé, & chargeai le valet-de-chambre de mes excuſes pour M. de Choiſeul, & de lui dire que j'irois le lendemain lui rendre mes devoirs. Je n'y manquai pas; j'y trouvai M. de Paulmy, & comme il étoit de très-bonne heure, nous laiſſâmes, après une courte viſite, M. de Choiſeul à ſes affaires, & employâmes la matinée à voir le palais & les appartemens du roi. Nous revînmes dîner chez M. de Choiſeul. Notre après-dînée fut conſacrée au muſéum, à l'univerſité. Nous allâmes de-là aux archives qui ſont dans le plus grand ordre. C'eſt dans une des pieces qui les renferment, que nous vîmes la table iſiaque, ſi connue par les gravures qui en ont été faites.

Le jour ſuivant, nous fîmes, M. de Paulmy & moi, différentes courſes dans la ville, & revînmes dîner chez M. de Choiſeul, comme le jour précédent, avec plus de vingt perſonnes, hommes ou femmes, de la principale nobleſſe. Nous allâmes, après-dîner, au château de Stupinigi.

Le roi étoit alors à la vénérie, & je devois lui être préfenté. Mais il étoit malade ; & ne prévoyant pas quand on pourroit le voir, je ne voulois pas, dans cette incertitude, m'arrêter long-temps à Turin. Un voyageur qui a fatisfait les principaux & les vrais objets de fa curiofité, & qui revient dans fa patrie, eft un peu impatient d'y arriver, & un François l'eft peut-être plus qu'un autre, furtout fi ce François revient à Paris, que la plupart des étrangers quittent avec peine. Il faut que le féjour en foit bien féduifant, puifqu'il guérit de la *maladie du pays*, c'eft-à-dire, du defir naturel de retourner vivre & mourir dans le lieu de fa naiffance, ceux mêmes qui y feroient avec le plus d'avantages. Je crois cependant, fi j'en juge par moi-même, qu'il y a peu de provinciaux fixés, par état, & avec agrément à Paris, qui ne foupirent quelquefois après le pays natal. Le payfan le plus malheureux eft fi attaché à la terre où il eft né, qu'il ne la quitte qu'avec défefpoir. Les émigrations font les plus fortes preuves de la mifere d'un état.

Ne voulant pas prolonger mon féjour à Turin, j'arrêtai une chaife de voiturin, pour partir le jeudi 4 juin après dîner, parce que j'étois convenu avec M

de Paulmy d'aller, le matin, voir la Superga, à une demi-lieue de Turin, fur
une montagne couverte du bas jufques
au haut de vignes, de bofquets, d'arbres
& arbuftes, & affez efcarpée, pour qu'on
n'y puiffe arriver que par un chemin tracé
en zig-zag. Nous y allâmes avec plufieurs
officiers, qui offrirent de nous accompagner. Quoique nos carroffes fuffent à fix
chevaux, nous fûmes une heure à monter. Mais les cochers & les poftillons voulant apparemment briller à la defcente,
eux & leurs chevaux, nous ramenerent
avec une telle rapidité, qu'une roue fortit
de l'effieu d'un des carroffes, qui fut ren-
verfé & traîné quelque temps fur le côté.
Heureufement ni maîtres, ni valets ne
furent pas bleffés. Par un autre bonheur,
cet accident arriva à la voiture qui nous
fuivoit : car fi elle nous eût précédés,
la nôtre nous eût emportés deffus ; les
deux fe feroient brifées enfemble, & nous
aurions tous couru les plus grands rifques.

La Superga confifte en une églife
deffervie par un chapitre noble, & un
corps de bâtimens ; le tout élevé avec
une magnificence royale. C'eft l'accompliffement d'un vœu que fit le roi Victor
en 1706, lorfqu'affiégé dans Turin, il
fe voyoit près de perdre fes états par la
prife de fa capitale. Dans la confterna-

tion où il étoit, il promit à une mado-
ne, qui avoit une petite chapelle fur la
montagne, de la loger bien mieux, fi
elle le délivroit des François. La Vierge
l'exauça, & il lui tint parole. A juger
de fes allarmes par la magnificence de la
fondation, elles n'étoient ni médiocres,
ni mal fondées.

Si le duc d'Orléans, général de l'armée en apparence, mais en tutéle fous
la Feuillade, gendre du miniftre Cha-
millard, eût été maître des opérations,
il auroit pu rendre le vœu nul. Toute
la France eft encore perfuadée que la
Feuillade avoit promis à la ducheffe de
Bourgogne, fille de Victor, de faire
échouer l'entreprife. D'une autre part,
le peuple de Turin croit fermement, &
raconte encore aujourd'hui volontiers, à
ceux qui écoutent avec autant ou plus
de foi que moi les récits merveilleux, que
la vierge, depuis la promeffe de Victor,
paroit & renvoyoit de la main, dans le
camp des François, tous les boulets de
canon tirés contre la ville. C'eft conve-
·nir qu'on ne pouvoit la fauver fans miracle, & je le crois ; refte à favoir qui
l'a fait.

Le maréchal de Villars, général de
l'armée de France, dans la guerre de
1733, étant à Turin, alla voir la Superga.

Le fupérieur de la maifon qui le conduifit dans l'églife, lui montrant la belle
figure, en marbre, de la Vierge à qui
il attribuoit le falut de la ville, elle ref-
femble parfaitement, dit le maréchal, à
la ducheffe de Bourgogne. Le mot étoit
plaifant ; mais ce qui me le parut autant,
fut que le fupérieur actuel, avec qui je
voyois cette Vierge, me parla lui-même
de cette reffemblance ; à quoi je répondis, en fouriant, que tous les François
en jugeoient ainfi.

On fait que le maréchal mourut en 1734,
à Turin ; & l'on prétend qu'un moment
avant d'expirer, apprenant que le maréchal de Barwick venoit d'être tué, d'un
coup de canon, au fiege de Philisbourg,
il dit : *Cet homme-là a toujours été heureux.* Le mot eft bien dans le caractere
de Villars, qui mourroit dans fon lit à
la tête d'une armée ; mais je doute qu'il
ait pu le dire. Il n'eft guere poffible qu'il
ait appris à Turin, le 17 juin, jour de
fa mort, celle de Barwick, tué le 12 en
Allemagne. Il eft très-commun, qu'en
toutes circonftances, le François laiffe
échapper des traits qu'on attribue à ceux
à qui ils conviennent le mieux. Nous
avons, à cet égard, fait une perte dans
la ducheffe d'Orléans, (Conti). Comme
elle difoit quelquefois des mots plaifans

& hardis, on lui en attribuoit auffi plu-fieurs qu'elle vouloit bien adopter, parce qu'ils auroient été dangereux dans toute autre bouche que la fienne.

Je ne dois pas oublier que le corps du maréchal de Villars eft encore en dé-pôt à Turin, fans que fa famille ait eu le cœur de le faire tranfporter en France, quoiqu'elle en ait eu la plus riche fuc-ceffion, & qu'elle en tire toute fa gloire.

La Superga étant, comme l'Efcurial, l'accompliffement d'un vœu, a eu auffi la même deftination. Philippe II, en mé-moire de la bataille de St. Quentin, gagnée fur les François le jour de St. Laurent 1557, fit bâtir l'Efcurial, dont la diftri-bution des édifices & des cours, eft dans la forme d'un gril. L'églife des Hyéro-nimites, qui en repréfente le manche, eft le lieu de la fépulture des rois d'Ef-pagne.

Le roi Victor deftina pareillement la Superga à fa fépulture & à celle de fes fucceffeurs. Son corps y eft en dépôt, dans une chapelle, en attendant qu'on éleve fon maufolée, dont les marbres font raffemblés, façonnés, fculptés & prêts à être réunis & mis en œuvre.

La population de tous les états du roi de Sardaigne, eft d'environ 4 millions d'ames : favoir, trois pour le Piémont

& la partie d'Alexandrie, quatre cents mille pour la Savoie, & autant pour la Sardaigne. Les revenus de l'état montent à vingt-cinq millions de notre monnoie. Tout le Piémont eſt cultivé comme un jardin, & le payſan m'a paru logé, vêtu & nourri, ce qui eſt toujours ma regle pour juger d'une bonne adminiſtration. On voit, dans les montagnes de la Savoie, quel parti un peuple laborieux peut tirer du ſol le plus ingrat.

L'état militaire eſt actuellement de vingt mille hommes, preſque tous d'infanterie; & on le porte juſqu'à cinquante mille en temps de guerre.

A l'égard du gouvernement, le roi y tient lui-même le timon de l'état. Il donne audience à quiconque a des plaintes à lui porter, & rend juſtice, même contre ſes miniſtres, qui ne font que ce qu'ils devroient être par-tout, exécuteurs exacts des ordres du ſouverain. On n'entend point là comme ailleurs, dire : *Ah! ſi le roi le ſavoit!* On peu tout lui apprendre, & l'on eſt ſûr de n'obéir qu'à lui. Un homme opprimé par un miniſtre, ſous-miniſtre, intendant, commis, &c. n'eſt point obligé de ſe conſumer en frais de courſes, de ſéjours, d'argent, de patience, & quelquefois d'humiliations, pour obtenir, je ne dis pas juſtice, mais audience. Les miniftres ne font point , à Turin , tels que certains des nôtres à Verfailles & à Paris, invifibles comme Dieu , & fourds & muets comme des idoles. *La bureau-cratie*, déja ancienne parmi nous, feroit un mot barbare à Turin. Le roi de Sar-daigne , homme d'un très-grand fens , auroit de la peine à le comprendre, & encore plus à fouffrir qu'il fignifiât quelque chofe chez lui.

Si fa maniere de gouverner nous pa-roiffoit extraordinaire, fa cour ne le pa-roîtroit pas moins à ceux qui habitent la nôtre. Ils ne concevroient pas qu'on fût obligé d'avoir ou de montrer des mœurs , de cacher des intrigues, au-lieu de les afficher. Ils trouveroient peu dé dignité dans une cour qu'ils regarderoient comme un couvent. Le roi mange avec fa fa-mille , & ne croit pas devoir multiplier , dans le même château, des maifons dont il faut toujours que le peuple paie l'en-tretien. Les charges, à cette cour, font peu lucratives, & n'en font pas moins recherchées. Il fuffit aux contendans qu'el-les foient honorables. Toutes les dépen-fes du roi de Sardaigne font appliquées aux vrais befoins de l'état ; & ce n'eft qu'ainfi qu'on fait refluer dans le peuple tout l'argent qu'on y a puifé, & qu'il peut de nouveau payer les impofitions.

Nous dînâmes, au retour de la Superga, chez M. de Choiseul, en auffi nombreufe compagnie que les jours précédens. J'y trouvai entr'autres le comte d'Ericeira, ambaffadeur de Portugal, petits-fils de celui qui traduifit en vers Portugais l'art poétique de Boileau. Je l'avois fort connu à Paris, où je le voyois fouvent chez la belle princeffe de Rohan, dont il étoit parent. Ayant fu que je partois au fortir de table, il envoya, pendant le dîner, garnir ma chaife de vin de Sétubal & de Marafquin. Il étoit affez tard quand le dîner finit, & je ne pus aller coucher qu'à St. Ambroife. Je remarquai, dès le foir, & la fuite du voyage m'a confirmé, que les voiturins de Turin à Lyon, traitent mieux les voyageurs que ne font ceux qui parcourent l'Italie. Peut-être cela vient-il de l'ordre qui regne dans l'adminiftration du roi de Sardaigne. Quand les premiers refforts d'un état font bien réglés, cela s'étend, de proche en proche, fur les objets mêmes qui n'attirent pas l'attention du gouvernement. Le vendredi 5 juin, je traverfai Suze, & allai dîner à la Novaleze. C'eft là qu'on démonte les voitures pour les tranfporter à dos de mulet à Lanebourg, au-delà du mont Cénis. La même opération fe fait à Lanebourg pour ceux qui

vont de France en Italie. On a le choix,
pour ce paſſage, d'un mulet, ou d'une
chaiſe de paille portée ſur deux bâtons.
Le trajet de la Novaleze à Lanebourg,
qui eſt de cinq lieues, ſe fait en quatre à
cinq heures; & mes porteurs, qui ſe re-
levoient, ſouvent ſans s'arrêter, mar-
choient auſſi leſtement, à la deſcente,
qu'ils l'auroient pu faire dans les rues de
Paris. Ils ne font, dans tout le trajet,
que trois ou quatre pauſes aſſez courtes.
On monte l'eſpace de deux lieues. Le
plateau qu'on traverſe enſuite, en a à-
peu-près autant dans ſa longueur, & la
deſcente à Lanebourg n'étant que d'une
lieue, eſt ſi rapide, que dans le temps
où toute la montagne eſt couverte de
neige, on deſcend, en moins d'un quart-
d'heure, ſur un traineau, d'une hauteur
où l'on ne parvient en montant, qu'en
deux heures de marche. Il s'en faut bien
qu'après cette deſcente on ſoit à Lanebourg au niveau commun des terres;
car, à quelques inégalités près, on continue de deſcendre juſqu'à ce qu'on ſoit
ſorti de la Savoie. Quelqu'élevé que ſoit
le plateau du mont Cénis, il n'eſt pas
étonnant qu'étant dominé par des montagnes très-hautes, toujours couvertes de
neige, il s'y ſoit formé un lac. Il peut
avoir une lieue de circonférence; il eſt

de la plus belle eau, & très-profond vers le milieu. Je m'arrêtai à confidérer ces lieux qui offrent le tableau des ruines du monde, pendant que je faifois rafraîchir mes porteurs à une efpece d'auberge. L'hôte vient prendre poffeffion vers la fin du printenps, lorfque la fonte des neiges a découvert la verdure. Ce n'eft pas qu'il n'y fît encore affez froid, quoique ce fût au mois de juin, & que le ciel fût fans nuage. Les cavités qui fe trouvent dans plufieurs endroits du plateau, étoient pleines de neige, & mon domeftique me fit remarquer de la glace où il paffoit, fur fon mulet, fans la rompre. La température eft en effet, fur les monts, très-différente de celle de la plaine. En partant de la Novaleze à midi, qui n'eft nulle part le moment le plus chaud du jour, nous éprouvions un froid très-vif; & entre une & deux heures, ce qui eft par-tout le paroxyfme de la chaleur, le froid fe faifoit fentir par degrés, à mefure que nous montions, au point que je fus obligé de prendre ma redingotte. Comme on m'avoit parlé de la bonté des truites qu'on pêche dans le lac du mont Cénis, j'en fis prendre & apporter pour mon fouper à Lanebourg, & je les trouvai telles qu'on me l'avoit dit.

Le paffage du mont Cénis, dont tant

de voyageurs parlent comme d'une entreprife, n'eft ni dangereux, ni effrayant. Il
y auroit, fans doute, du péril à le paffer pendant que les neiges tombent, ou
dans les grandes fontes, quand on peut
craindre les lavanges ; mais tous ces dan-
gers font communément prévus par les
gens du pays : ils en préviennent les voyageurs, & les porteurs ne s'expoferoient
pas. Il n'y eft guere arrivé de malheur
que par une imprudence volontaire, &
l'on ne doit pas fuppofer de danger à
faire ce que font journellement tant de
gens naturellement timides. La corniche,
qui fait partie du chemin de Savone à
Gênes, bordée de précipices, eft plus
effrayante à la vue que le paffage du
mont Cénis.

Le famedi 6, nous couchâmes à Saint-
Michel, après avoir fait une halte en
chemin. Le dimanche 7, jour de la Pen-
tecôte, nous paffâmes à Saint-Jean-de-
Maurienne, dînâmes à la chambre, &
allâmes coucher à Aiguebelle. Nous en
partîmes le lundi 8, pour aller dîner à
la vue de Montmelian, à un hameau où
nous fûmes très-bien traités. La couchée
fut à Chambéry. Un banquier de Rome
m'avoit joint à Aiguebelle, & nous fîmes route enfemble jufqu'à Paris. Le
mardi 9, paffant aux Echelles, je dînai

au pont de Beauvoisin, gardé du côté où l'on sort de la Savoie, par des soldats Piémontois, & de celui où l'on entre en France, par des François. Les commis de cette douane frontiere, qui sont très-attentifs à tout ce qui passe, arrêterent ma chaise, & commençoient à détacher mon bagage. Je descendis, pour être présent à la visite. Le chef ayant, par hasard ou par curiosité, jetté les yeux sur mon passe-port que je déployois pour le montrer au commandant de la place, dit à ses commis de ratacher les malles qui étoient encore derriere la chaise, & ajouta, en s'adressant à moi, que mon nom lui étoit connu, & que s'il l'avoit su d'abord, on ne se feroit pas mis en devoir de me visiter. Je le remerciai fort de ses politesses, & remontai en chaise. En traversant la place, j'apperçus, au milieu d'une troupe d'officiers, un homme que je jugeai être le commandant, & qui l'étoit en effet. Je remis pied à terre, & lui présentai mon passe-port, signé du duc de Choiseul, ministre de la guerre & des affaires étrangeres. A ce nom, tout militaire fléchit le genou; ainsi, le commandant l'ayant lu, & le trouvant conçu en termes assez obligeans pour moi, me le rendit avec des complimens qui ne l'étoient pas moins. Après-dîner, nous allâmes coucher à la Tour-du-Pin. Le lendemain, mercredi 10, dîner à la Verpilliere, & j'arrivai à Lyon vers cinq heures.

A peine étois-je arrivé à l'hôtel garni du Palais-Royal, que j'y reçus la visite de l'Intendant, M. Baillon. J'allai ensuite en faire une à l'archevêque, mon confrere à l'académie Françoise. Il vouloit me loger à l'archevêché, & envoyer chercher mes malles à l'auberge; & j'eus peine à obtenir qu'il m'y laissât, pour le peu de séjour que je devois faire à Lyon. Je restai à souper avec lui. Le lendemain j'y dînai. Le jour suivant, chez l'intendant. Le samedi 13, je partis de Lyon, par la diligence, & arrivai à Paris, le mercredi 17, veille de la Fête-Dieu.

Longæ finis chartæque viæque.

PLAN

PLAN ABRÉGÉ

DU

GOUVERNEMENT ÉCONOMIQUE.

DE L'ETAT ECCLESIASTIQUE.

LES impôts que paie le peuple de l'état du pape, font de deux fortes. Les uns entrent dans le tréfor du prince, les autres fervent aux dépenfes de la communauté.

Toute ville, tout village, le plus petit bourg compofe une communauté; cette communauté à un confeil formé d'un certain nombre d'habitans, chargés de veiller aux intérêts de cette fociété.

Les états du pape font divifés en autant de petits états, qui, dans l'origine, levoient par eux-mêmes les impôts que le prince leur demandoit, & ceux qui étoient néceffaires pour leurs dépenfes particulieres. Ainfi, l'état avoit, dans cette partie, l'avantage des petites fociétés, qui, d'ordinaire, font mieux adminiftrées que les grandes.

Il ne refte plus que l'ombre de cet établiffement. Les communautés fubfif-

L

tent , mais elles ne peuvent rien faire sans obtenir la permiſſion du bureau d'adminiſtration , établi à Rome. Les tributs qu'elles paient ſont préſentement levés par des ſouſtraitans.

Les impôts portent ſur différens objets; ſur la terre, la mouture du bled, la viande, le vin, & ſur diverſes autres marchandiſes.

L'impôt ſur la terre, eſt aſſis ſuivant un cadaſtre particulier, fort ancien, formé ſuivant la valeur & la quantité de la terre. Chaque communauté a ſon cadaſtre particulier. La taxe d'une terre, autrefois en friche, & qui pour cela même payoit peu, hauſſe en proportion de ſon nouveau rapport. Quand il faut augmenter cet impôt, il s'augmente toujours dans la premiere proportion, & ſe diminue de même.

Dans le territoire romain, qui s'étend à quarante milles autour de Rome, l'impôt ſur les terres eſt ordinairement très-modique, parce qu'il n'entre point dans la maſſe des revenus qui doivent ſe verſer dans la caiſſe du prince ; il eſt deſtiné pour l'entretien des ponts & chauſſées. Il eſt réparti comme celui des communautés, ſuivant la valeur & la quantité des poſſeſſions. Cet impôt vient d'être augmenté, pour un an ſeulement. Ce

furplus eft deftiné au tréfor du prince,
ayant voulu, par-là fe couvrir des dépenfes extraordinaires qu'il a été obligé
de faire pour la derniere difette de grains.
Le refte de l'état eccléfiaftique eft exempt
de ce fecours momentané.

L'impôt fur la mouture du bled fe paie
au moulin. On y porte une permiffion
de moudre tant pefant de grain ; ce qui
ne peut jamais être moins d'un demi-ru-
be. (Le rube de bled rend en farine
620, ou 640 livres romaines, de 12 onces. Cette différence de poids vient du
grain plus ou moins pefant.) Un commis pefe la farine qui en provient, en
enregiftre le poids, & en fait payer le
droit avant que la farine forte. Le droit
de mouture eft différent fuivant les lieux :
il fe payoit à Rome, il y a un an, à raifon de 4 livres tournois, pour chaque
rube, par les particuliers, & 6 liv. 17 f.
par les boulangers.

Cette nouvelle difpofition a été faite
pour remédier à un abus qui s'étoit introduit. Les particuliers faifoient chez
eux du pain, non-feulement pour leur
provifion, mais encore pour le vendre ;
ce qui nuifoit beaucoup au commerce
des boulangers, parce qu'ils pouvoient
donner leur pain à meilleur marché.

On impofe au marché, fuivant le prix

de la vente, le droit que doit payer un animal. Ce droit ne fe paie point comptant ; la communauté des bouchers eft refponfable des dettes de chacun en particulier. Il s'en paie une partie avec les graiffes des animaux tués. Chaque boucher porte à un magafin commun, établi par le gouvernement, la graiffe de la femaine : on l'enregiftre, & l'on retranche de fa dette pour le droit, ce qui eft retiré de la vente qui fe fait aux chandeliers, qui font obligés de venir s'y fournir à un certain prix.

Le prix des différentes viandes de bœuf, veau, agneau, mouton & cochon, eft fixé. Cette fixation fe fait après avoir envoyé compter dans tout le territoire romain le nombre des animaux. On enregiftre la quantité appartenante à chaque particulier, & il doit prouver l'avoir préfentée au marché, ou rapporter les peaux de ceux qui font morts d'accident ou de maladie, & en juftifier la vérité.

Le prix des peaux eft encore fixé, & un boucher ne peut les vendre qu'à un tanneur qui lui eft défigné. Cette taxe de la viande fe renouvelle tous les ans, & fe fait en différens temps, fuivant l'efpece d'animaux.

Hors de Rome la viande fe vend toujours deux cinquiemes de fous ; moins que dans la ville. Les légats font auffi dans leurs départemens cette fixation, & fuivent les mêmes regles qu'à Rome.

Le vin du territoire romain eft exempt. Celui qui n'en provient pas, mais qui eft cependant de l'état du pape, paie 20 fols par barril. Ce barril contient environ 68 bouteilles de France.

Le vin étranger, quel qu'il foit, paie 2 fols & demi par pinte. Celui qui entre en futaille, paie près de 50 pour 100 de l'eftimation. On ne peut rendre raifon de cette différençe, à moins que ce ne foit la douceur de l'eftimation : chofe qui cependant eft fort arbitraire, & qui dépend de la faveur pour les perfonnes.

Dans plufieurs endroits, l'impôt ne porte point fur l'ojet dénommé, la communauté ayant repréfenté qu'une autre partie le fupporteroit plus facilement, & le bureau d'adminiftration ayant confenti à ce changement. Ce droit de remontrance eft le feul refte de la puiffance qu'ont eu autrefois ces affemblées de citoyens.

Tout l'état paie l'impôt du fel. Il fe fabrique à Oftie, fur la Méditerranée, & à Cervia, fur la mer Adriatique. Il fe diftribue, de ces deux falines, dans tous les états du pape. La différence du prix, confifte dans la différence qu'y peut ap-

porter le tranfport plus ou moins éloigné.
Il n'y a point de fraude fur cette partie ;
le contrebandier n'y gagneroit rien. Deux
fols la livre de 12 onces eft le prix le plus
haut : 1 fol eft le plus bas.

Il n'y a pas long-temps que le tabac
étoit auffi une ferme. Il s'y faifoit une
grande contrebande, & les frais néceffaires pour l'empêcher, ou plutôt pour
la diminuer, en abforboient le bénéfice.
Le prince a rendu le tabac marchand, a
augmenté le prix du fel, & a ajouté quelques autres droits à la douane de Rome.
Quoique ces augmentations rendent plus
que ne rendoit la ferme du tabac, la nation a vu ce changement avec plaifir ;
parce que ce n'eft pas tant l'impôt qui
fatigue que la maniere d'impofer.

Quelques villes ont des douanes ; il
n'y en a point fur les frontieres ; elles
ne font que pour le territoire romain,
autour duquel elles forment un cordon.
Ce qui entre dans le refte des états du
pape n'y eft point fujet. Les marchandifes deftinées pour Rome, ne paient qu'à
Rome ; celles deftinées pour les autres
lieux, dans le refte du territoire romain,
paient fur la frontiere de ce territoire.

Le revenu de la douane de Rome eft
confidérable, malgré les abus énormes qui
s'y introduifent. Tout cardinal, grand fei-

gneur & ambaſſadeur a des droits de franchiſe, par leſquels il lui eſt permis de
faire entrer une certaine quantité de
denrées, ſans payer les droits. Il en fait
paſſer le double, le triple & davantage.
Les commis le voient, & n'oſent s'y oppoſer dans un gouvernement où celui
qu'ils auront ſaiſi, ſera le lendemain leur
maître, parent ou ami de la famille qui
régnera.

Une marchandiſe ainſi entrée, par conſéquent non marquée des plombs de la
douane, pourroit être ſuivie & arrêtée
chez un négociant, s'il la faiſoit tranſporter chez lui : c'eſt pour cela qu'il la laiſſe
dans la maiſon de la perſonne exempte,
juſqu'à ce qu'il puiſſe s'en défaire.

Toute ſoierie paie le vingt-deuxieme
pour cent de l'eſtimation. Les draps fins
paient moins que les draps groſſiers ; ce
qui eſt établi pour l'encouragement des
fabriques du pays, qui travaillent preſque
toutes en draps groſſiers.

Les douànes ſont en régie.

Outre ces différens revenus, le tréſor
a quantité de terres, étangs, bois & autres domaines qu'il afferme. Il jouit de la
ferme des aliénations, de celle des poſtes,
de celle de l'imprimerie royale, & de
quelques autres.

La ferme des poſtes donne, par an, au

tréfor, un peu plus de 46 mille écus. Il
y a beaucoup de franchife. Le fermier
m'a dit, que tout au plus un dixieme de
ce qui vient, paie le droit. La France,
l'Empire, Turin, Gênes, Naples, Venife
& Florence ont leur pofte particuliere,
qui retient pour elle le port des lettres
qu'elles apportent. Une lettre d'une feule
feuille de papier, de quelque lieu de l'é-
tat qu'elle vienne, ne paie qu'un fou. Si
cette même feuille eft divifée en deux,
elle paie 2 fols, toujours un fou de plus
pour chaque morceau d'augmentation.
C'eft pour s'en éclaircir, que toutes les
lettres font percées par le coin. Les paquets qui peuvent entrer par une certaine
ouverture, font taxés fur le même pied
des lettres. Pour les autres, quand ils ne
s'adreffent pas à quelqu'un qui ait la franchife, il faut en payer le port d'avance,
fuivant un tarif d'eftimation. Ce tarif n'eft
pas fuivi à la rigueur; on peut marchan-
der avec le fermier, qui diminue affez aifément, & qui m'a dit s'en trouver fort
bien. Avant qu'il eût pris ce parti, aucun des paquets ne payoit; on trouve toujours le moyen de les adreffer à des perfonnes exemptes. C'eft un abus qu'il n'é-
toit pas poffible de corriger que par la
voie qu'a pris le fermier.

Les impôts pour les charges de la communauté, feule taxe dont foient exempts les eccléfiaftiques, fervent pour entretenir le gouverneur, le médecin, le chirurgien, le fecretaire, le maître d'école, les ponts & chauffées. Le médecin & le chirurgien doivent affifter ceux de la communauté qui les appellent, fans qu'ils puiffent exiger aucune récompenfe.

Les fermiers font obligés de payer tous les deux mois, la partie due de leur traité annuel. Régiffeur ou fermier verfent en droiture dans le tréfor.

Par différens états que j'ai eu des revenus du prince, ils montent environ à deux millions d'écus romains. (L'écu romain eft évalué à 105 fous de notre monnoie : c'eft toujours de cet écu dont je parle.) La dépenfe excede la recette, c'eft un point fur lequel s'accordent les différens états. Il y en a qui font monter cet excédent très-haut. Différentes circonftances peuvent le faire beaucoup varier.

Il n'y a que deux efpeces de papiers publics portant intérêt ; les lieux de mont & les vacables. Ces deux papiers font des contrats de rentes. Le lieu de mont eft une rente perpétuelle ; le vacable eft une rente viagere.

Le tréfor paie trois pour cent pour les intérêts du lieu de mont. On peut même dire qu'il paie moins de trois ; car un lieu de mont qui coûte 127 écus oú 130 écus, n'en rapporte que trois. C'eſt la place qui les a fait monter ſi haut. Dans l'origine, un lieu de mont n'a été payé que 100 écus, & il n'eſt rembourſable, par le gouvernement, que ſur ce pied.

Le lieu de mont eſt un effet ſi accrédité, qu'il eſt beaucoup plus recherché que les terres. La preuve eſt que les terres rapportent d'ordinaire quatre pour cent, quoique mal cultivées. On verra ci-après les obſtacles qui s'oppoſent à la valeur de ce ſeul bien. Les fiefs rapportent un ou deux pour cent. Ils ſont tombés, parce qu'il eſt rare d'en trouver à vendre, étant preſque tous ſubſtitués à perpétuité dans les grandes familles. La vente des lieux de mont eſt plus facile ; elle ne conſiſte qu'à ſe faire enregiſtrer à la banque, à la place du vendeur.

Les vacables ſont des rentes viageres, d'une eſpece inconnue en France. Il eſt permis, à celui ſur la tête duquel cette rente a été placée, de la vendre à un autre. Le nouvel acheteur en jouit, durant ſa vie, aux mêmes conditions qu'en jouiſſoit celui de qui il l'a achetée, & il lui eſt permis de la vendre de même, de ſorte que cette rente peut devenir perpétuelle, en paſſant ainſi de l'un à l'autre. Il faut cependant avertir, qu'il y a deux

conditions à remplir pour que cette vente
acquiere toute la validité néceffaire. La
premiere eft que le vendeur ne doit point
avoir 63 ans révolus ; la feconde, que le
vendeur doit vivre quarante jours après
la vente. Si ces formalités ne font point
remplies, la vente eft nulle, & le vacable
eft éteint. C'eft pour que cette loi foit
fuivie, qu'on ne peut faire cette vente
fans la permiffion du prince, qui ne la
refufe point, à moins que le vendeur ne
foit en danger de mort, ou attaqué d'une
maladie de langeur, qui faffe craindre pour
fa vie.

L'intérêt du vacable n'eft pas fixé. Le
prince a affigné, pour payer ces rentes,
les revenus de la daterie. Le plus ou le
moins de rapport de cet effet, dépend
donc du nombre d'expéditions dans cet
office. Depuis le concordat de la cour de
Rome avec celle d'Efpagne ; depuis que
les puiffances demandent beaucoup de diminution fur le prix des bulles, cet effet
produit beaucoup moins. Sixte - Quint,
premier créateur des lieux de mont & des
vacables, avoit deftiné l'extinction des vacables à une caiffe d'amortiffement pour
les lieux de mont. Les papes en ont fait
ordinairement d'autres emplois. Benoît
XIV, feul, les a appliqués au rembour-
fement des dettes.

Il y a une autre espece de rente viagere, qui se constitue sur la tête de celui
qui reçoit l'argent, & qui meurt avec lui.
L'intérêt en est plus ou moins fort, suivant l'âge de l'emprunteur, suivant le besoin qu'il en a, & suivant la rareté de
l'espece : conditions qui, d'ordinaire, cons-
tituent le prix de ces rentes. Pour assurer l'intérêt au prêteur, l'emprunteur met
en dépôt au Mont-de-piété, des lieux de
mont de la même somme du prêt ; mais
dont le fonds reste hypothéqué. Ces sortes de contrats, peu connus ailleurs, ne
se font qu'entre particuliers, & toujours
avec la liberté à l'emprunteur, de rem-
bourser quand il lui plaît.

Les lieux de mont passent, comme je
l'ai déja dit, pour l'effet le plus solide.
C'est pour cela que, comme il n'y a ici
nulle maniere de s'assurer qu'une terre
qu'on achete, n'est point chargée d'hypotheques, le vendeur, pour trouver à
vendre, est obligé de consigner, en lieux
de mont, une partie de la somme prove-
nante de la vente, suivant la volonté de
l'acheteur. Le nouveau possesseur prend
cette précaution pour assurer son argent,
en cas qu'il se découvrit, dans la suite,
des hypotheques ou des substitutions qu'on
eût voulu lui cacher. Cet hypotheque des
lieux de mont, pour les terres, est éten-

nel. J'en fais qui, pour pareille raiſon, ſont en dépôt depuis 150 ans, & ne peuvent ſe retirer. Il y en a peut-être depuis plus long-temps. On ſent combien cette néceſſité met d'entraves dans les arrangemens de famille, & qu'elle doit être une des raiſons pour leſquelles les terres ſont à ſi bon marché. Rome pourroit imiter Vienne dans l'établiſſement utile des tables publiques d'hypotheque pour les terres.

Comme tout eſt réductible au calcul, ces lieux de mont, quoiqu'engagés pour termes fort longs, ſont un objet de négociation. On les achete à des prix beaucoup au-deſſous de leur valeur. Véritablement ils ont beaucoup perdu, puiſqu'ils ne peuvent ſervir d'hypotheque.

Ce recours perpétuel aux lieux de mont pour être dépoſés comme hypotheque, peut ſervir à expliquer, en partie, (car on voit bien qu'il y a encore une autre raiſon) pourquoi ces papiers, qui ne rapportent que trois pour cent, ſe vendent 127 écus. Celui qui a beſoin d'aliéner des lieux de mont pour conſommer une affaire quelconque, & qui n'en a point, a recours à celui qui en a. Il paie à ce prêteur de lieu de mont un certain intérêt, 3, 4, ou plus par cent, toujours ſuivant le beſoin qu'il en a, & la confrance que le prêteur a en lui. Cet intérêt, qui paſſe l'intérêt légal, doit être regardé comme une aſſurance de ces lieux de mont, puiſqu'ils feroient perdus pour le prêteur, ſi l'emprunteur faiſoit banqueroute.

L'intérêt de lieu du mont étoit , dans l'origine à cinq pour cent. Ceux que le prince déclara non rembourſables , ne l'ont jamais été : ceux-là ſont les plus chers ſur la place. Ceux qui, tous les ans, doivent être rembourſés , ſuivant que le fort en décide, le ſont un peu moins. Les rembourſemens indiqués ne ſe font pas exactement ; ce qui plait fort aux poſſeſſeurs de ces papiers. Ils ne penſent point que la dette s'accumule, & qu'il deviendra peut-être impoſſible de la payer.

Suivant les intérêts payés annuellement par le tréſor, le principal des lieux de mont, monte au plus à quarante millions d'écus.

Tant que le lieu de mont eſt en dépôt, il y auroit des ſpéculations très-avantageuſes à faire ſur cet effet ; mais il faudroit bien connoître la place.

Il y a peu d'argent dans les états du pape. Ils ne renferment point de mines , & le commerce y eſt peu conſidérable. Pluſieurs des ſources qui, autrefois ont

sant apporté d'argent dans la capitale du
monde chrétien, font taries. Je ne faurois
dire, même à-peu-près, combien il y a
d'efpeces monnoyées. Je n'ai pu trouver
aucun auteur Italien qui traite des finances, & de ce qui y a rapport : mais ma
plus forte raifon, pour appuyer mon affection, eft qu'à Rome, la monnoie de papier eft celle qui circule le plus, & qu'on
a beaucoup de peine de trouver à la changer contre l'efpece réelle. Cette monnoie
de papier mérite une confidération particuliere.

Il y a à Rome deux banques publiques, qui donnent en papier monnoie la
valeur qu'on y porte en argent. Dans l'o-
rigine, ces banques avoient le même prétexte que toutes celles établies en Europe : l'état vouloit, en augmentant la repréfentation, rendre la circulation plus
confidérable. Si l'efprit de l'inftitution
avoit été fuivi, cet établiffement auroit
pu être utile à ce pays; car une banque,
qui me paroît toujours dangereufe dans
un grand état riche, quelque bien admi-
niftré qu'il foit, pourroit peut-être devenir de quelque utilité dans un petit état
pauvre, fi les abus ne s'y introduifoient
point. Mais comment ne pas dépenfer,
quand la fource des richeffes paroît iné-
puifable, ainfi que celle d'une monnoie

de papier qui fe fabrique à fi peu de frais? Le temps eft venu où le papier a furpaffé de beaucoup l'argent des coffres des banques. Enfin, aujourd'hui, les coffres font vuides, relativement à la dette. Tout le monde le fait, & le crédit de la monnoie de papier fubfifte. Tout homme qui a réfléchi fur la délicateffe du crédit, eft étonné quand il apprend, qu'un homme va préfenter aux banques un billet de cent écus pour avoir de l'argent, reçoit tout au plus huit ou dix écus, & pour le refte de la fomme, on lui donne un billet équivalent. Quand on en veut davantage, il faut envoyer une autre perfonne recevoir un autre billet; car la même n'aura plus d'argent de toute la journée. Depuis plufieurs années ces petites rufes s'emploient à Rome, & on n'a point la moindre inquiétude fur la monnoie de papier. Il eft vrai que le prince l'a toujours reçue comme il la donne. Cette monnoie ne fort point de la capitale.

Cette rareté d'efpeces m'avoit fait croire que la monnoie devoit travailler bien peu. Je regardai comme un objet de curiofité le relevé de ce travail, depuis plufieurs années. C'eft un myftere que je n'ai jamais pu percer, quelque tentative que j'aie faite.

La monnoie commet une grande faute

dans la fabrication des pieces d'argent de dix fous & de trente fous; la proportion qui doit être entre l'or & l'argent, n'y eſt point obſervée. Auſſi ſortent-elles pour de l'or.

Quoiqu'il y ait peu d'argent dans les états du pape, cette marchandiſe n'eſt point chere, parce qu'il y a encore moins de beſoins. Il ne s'y fait ni commerce ni amélioration de terres.

Les Caſuiſtes font pratiquer ici leurs maximes ſur le prêt. On ne peut, ſuivant la loi, exiger d'intérêt d'un fonds non aliéné. L'intérêt du particulier, du marchand, d'une communauté religieuſe, eſt fixé par le gouvernement. On prête à 6 pour cent au marchand, à 4 au particulier, & à trois à la communauté religieuſe. Quiconque dénonce quelqu'un qui enfreint la loi, eſt récompenſé par une part de la ſomme confiſquée, & ſouvent on a vu un emprunteur aſſez perfide, pour accuſer celui qu'il a lui-même conduit dans le piege.

Les délateurs font un des grands rapports de ce gouvernement. Tous les jours il paroît de nouveaux édits, par leſquels le délateur y eſt toujours ſollicité.

Ces édits multipliés font un objet de commerce pour la ferme de l'Imprimerie. Tout marchand eſt obligé d'acheter dix ſous chaque édit qui regarde ſa pro-feſſion. Il doit être affiché dans ſa bouti-que, & il doit en acheter un autre quand le premier ne peut plus ſervir. Les pro-cureurs & avocats ſont obligés de faire imprimer leurs plaidoyers par l'imprime-rie du prince, qui leur fait payer à-peu-près le double plus qu'un autre impri-meur.

Il y a dans Rome environ trois cents métiers montés, où l'on fabrique toutes ſortes d'étoffes, comme draps unis, ve-lours, damas, ras de St. Cyr, taffetas, camelots, &c. Les étoffes de France ſont plus belles, mieux travaillées, & moins cheres.

Il y a environ ſix cents métiers de ru-bans de ſoie, de bas, de galons d'or, d'argent & de livrées. Il ſe fait une grande conſommation de ces derniers ga-lons. On ſe refuſe tout pour avoir un nombreux domeſtique, & tous portent la livrée.

Bologne, Pezaro, Camerino, Perouſſe & Termi, ont auſſi différentes manufactu-res de cette même ſorte. Le reſte de l'é-tat en a peu ou point.

Un bon ouvrier pour ces ſortes d'ou-vrages, ſe paie quarante ſous par jour, quoiqu'il faſſe moins de beſogne qu'un

ouvrier François. Le maître le fournit de
toutes fortes d'outils. Ce prix de la main
d'œuvre est beaucoup plus cher qu'il ne
le devroit être, si on confidere la médiocre valeur de la denrée premiere. Mais
un ouvrier qui doit être oifif pendant plufieurs fêtes forcées ou de dévotion, comme celle des confrairies dans lefquelles il
est engagé, ce qui est une efpece de né-
ceffité, a befoin de gagner le jour de fon
travail, de quoi fubfifter pour le jour de
fon loifir. De plus, les hôpitaux, les aumônes, les fondations pieufes font tellement multipliées, qu'il est très-aifé de
vivre en ne faifant rien.

On est peu difficile fur les apprentiffa-
ges. Les maîtrifes ne coûtent prefque
rien. La premiere dépenfe monte à une
dixaine d'écus. Il y a enfuite chaque année une médiocre redevance, pour l'é-
glife, adoptée par le corps de métier dont
on est membre.

Il y a ici un établiffement économique,
dont on croit devoir dire quelques mots.
C'est le mont-de-piété. On y prête fur
gages. Cet établiffement est le deftructeur
des ufuriers. On y reçoit en dépôt l'argent des particuliers, leur vaiffelle, leurs
diamans, & autres effets quelconques;
& quand le propriétaire le defire, on lui
rend le tout, ou telle partie qu'il deman-

de. L'intérêt exigé eſt de deux pour cent. Au bout de dix-huit mois, l'effet engagé eſt perdu s'il n'eſt pas retiré. Si on le retire, on le replace un jour après comme un nouveau gage. Comme ce bureau a été, dans ſa premiere inſtitution, formé pour ſubvenir aux beſoins des pauvres, il ne pouvoit exiger d'intérêt de la ſomme prêtée, quand elle ne paſſoit pas cent écus romains. On a réduit cette ſomme à trente écus. Les bénéfices conſiſtent dans l'intérêt de deux pour cent ; dans un certain droit qui eſt attribué à chaque placement dans la vente des effets non retirés (car ils ſont toujours engagés pour un tiers au-deſſous de la valeur ;) dans la perte des reconnoiſſances des effets engagés, qui alors appartiennent au bureau. Malgré ces profits conſidérables, les abus ont ruiné cet établiſſement.

La France a quarante-ſix mille deux cents ſoixante-dix-neuf lieues quarrées. Les états du pape en ont huit mille deux cents vingt-ſix. Le rapport eſt donc comme un, à un peu moins de cinq deux tiers. Je mets le rapport à ſix, pour accorder tout l'avantage aux états du pape. En s'arrêtant aux calculs les plus bas, la France poſſede dix-huit millions d'habitans. Les états du pape en ont deux millions, ſuivant le tableau avoué par le gouvernement. Calcul que je crois pouſſé trop haut. Pour que le rapport fût gardé dans le nombre des habitans des états du pape, en le comparant à ceux de la France, il faudroit que les premiers euſſent près de trois millions d'habitans, pour qu'il le fût dans le tribut. Comme la France paie trois cents millions d'impôts & plus en temps de paix, les états du pape devroient payer dix millions d'écus romains. On ſait que le terroir de l'Italie eſt bon, & que les hommes y naiſſent avec des talens, & que deux mers baignent preſque de tous côtés les états du pape. Quelle preuve de ce que produit la différence du gouvernement & de l'adminiſtration ?

En tout, le pays eſt très-mal adminiſtré. Le gouvernement ſe mêle cependant de tout, particuliérement du bled & de l'huile. Ces deux denrées qui paroiſſent faire toute ſon attention, ſont toujours à la veille de manquer. Ce qui n'eſt pas étonnant quand on connoît la manutention.

L'annone (c'eſt les greniers d'abondance de Rome) prend le bled où il lui plaît, & fixe le prix. C'eſt ce même bureau qui donne la permiſſion d'exportation toujours prohibée. Cette permiſſion ſe paie. Tout le territoire de Rome eſt en pàcages pour la nourriture des beftiaux, quoiqu'il foit très-bon pour rapporter du bled. Les propriétaires aiment mieux le laiffer ainfi abandonné, & y trouvent mieux leur compte qu'à avoir des greniers de bled, dont ils ne pourroient fe défaire, le plus fouvent, qu'à leur perte.

On eft obligé de vendre l'huile au bureau établi pour l'acheter. Lui feul l'achete ce qu'il lui plaît, la vend aux détailleurs, & leur en fixe le prix. Cette huile fe conferve dans de grands puits, où fe mêlent toutes les qualités. Ce qui fait qu'elle eft toujours très-mauvaife.

La deftinée de l'Italie femble d'être mal gouvernée. Augufte mourant, donne à Tibere, pour une des grandes maximes d'adminiftration, de ne jamais envoyer un homme puiffant commander en Egypte. Ce prince craignoit qu'un mécontent n'empêchât le bled d'en fortir, & n'affamât l'Italie.

Les états du pape n'ont que deux bons ports, Civita-Vecchia & Ancone. Les autres ne font que des plages peu fûres, & où ne peuvent mouiller que de très-petits bâtimens.

Civita-Vecchia, nommé autrefois *Centum Cellæ*, eft l'ouvrage de Trajan. C'eft un de ces monumens de la maniere fo-

lide de conſtruire des Romains. Ce port
eſt bon & ſûr. Il y a deux paſſes; celle
du levant eſt la meilleure. L'entrée & le
baſſin ne ſont point également profonds.
Il eſt fort ſage, quand le bâtiment eſt de
plus de deux cents tonneaux, de prendre
un pilote du pays pour l'entrer. Il n'y a
point de mouillage pour les frégates au-
deſſus de quarantes pieces de canon.

On travaille préſentement à améliorer
le port d'Ancone. Il peut y entrer des
frégates de la même forte qu'à Civita-
Vecchia.

La marine du pape conſiſte en trois
galeres qui peuvent naviguer; deux autres galeres qui ne naviguent plus; deux
frégates, & les petits bâtimens néceſſaires
pour le ſervice du port, & pour celui à
faire à la mer. Les armemens ſe font par
entrepriſe. Lorſque la ferme commence,
la valeur de cette petite eſcadre s'eſtime
à l'amiable. A l'expiration de la ferme,
le fermier paie le déchet au tréſor. S'il
y a des réparations & des augmentations,
le tréſor lui en fait bon.

Voici les conditions de la ferme qui
eût lieu depuis 1756 juſqu'en 1760. Quand
les galeres étoient en mer, le tréſor donnoit d'avance au fermier, tous les deux
mois, neuf mille cent cinquante écus romains. (L'écu romain vaut environ cinq

livres cinq fous de notre monnoie.) Quand elles étoient dans le port, le tréfor ne donnoit plus que cinq mille quatre cents écus tous les deux mois.

Le fermier ne recevoit pour chacune des galeres qui ne naviguoit plus, que deux cents quinze écus par mois ; cent écus par mois pour tous les petits bâtimens de fervice dans le port. Lorfque les deux frégates étoient en armement, le tréfor donnoit au fermier fix mille trois cents écus tous les deux mois ; ce qui faifoit pour toute l'année, fur le pied de guerre, trente-fept mille huit cents écus.

Lorfque ces frégates n'étoient point à la mer, le fermier ne recevoit plus que cinq mille deux cents cinquante écus tous les deux mois.

Le fermier étoit obligé de faire toutes les dépenfes. Il payoit les falaires des officiers, des foldats & des matelots. Ces falaires, ainfi que les rations, ne font pas à fa difpofition ; tout eft réglé.

Lorfqu'un bâtiment fe perd, ou s'il eft maltraité dans un combat, c'eft pour le compte du tréfor. Si le fermier a befoin de bois, il peut en couper, fans payer, dans les forêts dont l'état eft propriétaire.

Le fermier compofe l'équipage comme

me il lui plaît, pour l'efpece d'hommes ;
mais non pour le nombre, qui eft réglé.
Il ne peut rien changer, ni à l'état-ma-
jor, ni à quelques principaux officiers
mariniers.

En prenant huit mois d'armement, &
quatre mois de repos, la marine du pape
coûte quatre-vingt-fix mille deux cents
treize écus. Le fermier m'a affuré qu'elle
coûte, année commune, cent vingt mille
écus, à caufe des dépenfes extraordinaires qui furviennent, & qui font pour le
compte du prince.

Les bâtimens du pays pour le commerce de la Méditerranée, confiftent en
une dixaine de tartanes , & autant de
félouques. Les tartanes s'occupent à la
pêche & à tranfporter du bled. Les félouques remontent & defcendent le Tibre, pour tranfporter les marchandifes
que les bâtimens apportent à Civita-
Vecchia.

Les affurances, jufqu'à Livourne &
Gênes, montent jufqu'à un pour cent,
dans les temps ordinaires. Elles aug-
mentent lorfqu'on craint les barbaref-
ques.

La plupart des bâtimens François qui
abordent à Civita-Vecchia, font des petits bâtimens Provençaux. Il en arrive
environ foixante, année commune.

M

Ils portent du ſucre, du café, du cacao, de la morue, des amandes, du tabac, des vins, des draps d'Elbœuf, d'Ab-
beville, des étamines, quelques galons,
de la fayance de Mouſtiers, & de la quincaillerie.

Ils exportent de l'alun, de la laine,
des bois de conſtruction, du ſoufre & de
la porcelaine. L'aſſurance de Marſeille
à Civita-Vecchia, eſt de un pour cent.

Une trentaine de bâtimens anglois portent de la morue, des harengs, du plomb,
de l'étain, du bois de campêche, du ſucre, des cryſtaux, de la porcelaine de la
Chine, des peaux de Ruſſie, des cuirs
d'Irlande, des camelots, des botines.
Ils n'exportent que fort peu de vitriol.
Leur fret eſt à proportion moins cher
que celui des François. L'aſſurance eſt
de deux pour cent, de.... au capitaine.

Sept ou huit navires Hollandois apportent toutes fortes d'épiceries, de drogues,
de cuirs de Ruſſie, du fer, des draps fins,
du thé, du cacao, du beurre ſalé, du
fromage, des toiles de lin & du tabac.
Ils n'exportent rien. Le fret eſt, pour
les épiceries & drogues, de 10 piaſtres
de 8 réaux, par millier; de 9 piaſtres de
même valeur, pour les draps & toiles.
Les aſſurances ſont les mêmes que celles
des Anglois.

Il vient environ cent bâtimens Génois. Ils apportent toutes fortes de confitures, de l'huile, des velours, des champignons falés, des citrons, du riz, du tabac d'Espagne, & du bois du bréfil, &c.

Ils exportent des grains, quand l'exportation en eſt permiſe, des bois à brûler & de conſtruction, du fromage & de la viande falée.

Il vient 300 bâtimens Napolitains ou Siciliens, qui apportent toutes fortes de fruits verds & fecs, de l'huile, du vin, du thon falé, des anchois, des fartines, du riz, des légumes, de la foude, des foieries de Sicile, des confitures & de la quincaillerie. Ils exportent du charbon, du papier, du miel, & un peu d'alun. L'aſſurance eſt d'un & demi pour cent.

Il vient 50 à 60 bâtimens Tofcans, qui portent de la cire, du café du Levant, des peaux de Ruſſie, du caviar, du vin, des eaux minérales, du bray & du goudron. Ils exportent du fromage, de la viande falée, de l'alun, &c.

Il vient une dixaine de bâtimens Efpagnols, qui portent des vins, des peaux, des nates, des canons de fufil, & exportent de la viande falée.

Les autres nations de la Méditerranée, comme les Corſes, les Maltois, &c. viennent à Civita-Vecchia, apporter les fruits de leur pays. Leur exportation eſt peu conſidérable. Les Vénitiens ne viennent point à Civita - Vecchia ; il n'en paroît qu'à Ancone.

Il y a, dans la mer Adriatique, pluſieurs barques de 60 tonneaux & plus, portant pavillon du pape. Elles ne vont que ſur les côtes de cette mer. L'objet de leur commerce eſt de tranſporter des comeſtibles, du bois de conſtruction & à brûler, du tabac, du poiſſon ſec. Le fret le plus haut des bâtimens, le plus conſidérable, ne monte pas à plus de 100 écus romains par voyage. Leur aſſurance eſt d'un & demi pour cent, ſuivant la ſaiſon & la longueur de la traverſée.

On voit, par an, dans le port d'Ancone, une trentaine de bâtimens Anglois, qui y portent du poiſſon ſec & ſalé, du plomb, des bois de teinture, & autres objets manufacturés en Angleterre.

Il y vient environ 10 bâtimens François, chargés de ſucre & de café, & autres genres de manufactures. L'aſſurance, pour un bâtiment qui part d'un port d'Angleterre, ou d'un port de France, pour ſe rendre à Ancone, eſt la même.

Trois ou quatre vaiſſeaux Hollandois apportent des drogues & des draps.

Autant de Danois apportent du poiſſon

fec de la Norwege. L'affurance de ces
nations du Nord eft de 3 à 4 pour cent.

Il vient 50 bâtimens Levantins de di-
verfe grandeur, chargés, pour la plupart, de coton & de fruits fecs du pays.
L'affurance eft d'un & demi à trois pour
cent, felon les pavillons & les voyages.

Les bâtimens François, Anglois & Hollandois font ordinairement leur retour en
bled, pour Livourne & Gênes, & du
foufre pour leur pays. Les principaux
objets d'exportation des états du pape,
font de la laine, de l'alun, de la porcelaine & du bois de conftruction.

VOYAGE
DE FLORENCE A ROME,
PAR VENISE.

ITINÉRAIRE *remis par M. Watelet à M. Duclos, lors de son départ pour l'Italie.*

EN partant de Florence le 4 mai, deux heures avant le jour, on arrive, le soir même, à Bologne. Il faut aller loger au Pelegrino. On est mieux qu'à la porte. Si l'on porte une malle derriere sa chaise, qui pese plus de quatre vingt livres, on fera payer trois chevaux jusqu'à Pianoro, & même quatre de Ponte à Sieve al Gorgo.

(Toutes les postes, dans la Toscane, l'Etat du pape, & le royaume de Naples, se paient à raison le 8 jules par poste, que la chaise soit à vous, ou que vous en preniez de celles de la poste. En sortant des capitales, comme Florence, Rome, Naples, on paie poste royale; mais en entrant, non; quoiqu'ils veuillent l'exiger. Deux pli de *bene andata*, 4 crazie pour boire, 2 crazie pour ftal-liere).

(Où je ne nomme pas l'auberge, logez à la pofte, dans la route de Florence à Bologne).

A Bologne, deux jours fuffifent amplement pour découvrir la ville toute entiere. Il faut monter à l'abbaye de Saint-Michel in Bofco.

Ce monaftere eft magnifique ; il faut une matinée pour voir l'inftitut. On vous y préfentera un phofphore.

Bologne eft renommé pour l'excellente mufique qu'on y entend dans les églifes ; elle n'a que Naples pour rivale en ce genre. On y vend d'excellens fauciffons, favonnettes & roffolis.

Les plus belles églifes font San-Petronio, où eft le méridien de Caffini.

San-Dominico, où eft le tombeau de St. Dominique ; fan-Paulo, fanra-Catharina ; la Madona di fan-Luca. On y va par un chemin couvert, & bâti tout en arcades. Elle eft éloignée de trois milles de Bologne ; les chartreux, hors la ville, ainfi que les carmes déchauffés. Il y a, dans cette derniere, des peintures magnifiques. Ses palais y font charmans, magnifiques & rians d'architecture & de perfpective.

La Garisenda, toute de brique, penchante comme celle de Pise, mais bien inférieure en tout à cette derniere.

En partant le 7, de grand matin, de Bologne, on arrive à 20 heures à Ferrare. Il y a plus de temps qu'il n'en faut, jusqu'à la nuit, pour la voir. Elle est grande, belle, mais déserte. En partant à l'ouverture de la porte, on fait 4 milles sur un canal, jusqu'à Francolino, où l'on s'embarque sur le Pô, dans une espece de félouque, appellée *Peota*. Elle contient plus ou moins, suivant le nombre des rameurs; mais quatre suffisent jusqu'à ce qu'on arrive à Palestrina le lendemain matin, où l'on prend quatre rameurs, moyennant un teston chacun, au plus; & l'on va infiniment plus vîte par les lagunes jusqu'à Venise, où l'on doit arriver le 9, à 20 heures.

(A Bologne & à Ferrare, le sequin vaut 22 jules. On paie sur ce pied les marchands, les auberges & la poste. Le sequin Vénitien vaut 22 l. 10 s. monnoie du pays, & le jule 22 s. 6. d.)

A Venise, il faut aller loger au lion blanc. C'est un François italianisé, qui écorche aussi bien qu'un Juif. Il faut demander une chambre sur le grand canal, dont la vue est très-réjouissante, faire le prix à tant par jour, tant pour vous que pour votre domeſtique, & y comprendre la chambre. Il faut prendre une gondole à la journée, avec deux rameurs, avec leſquels, on va auſſi vîte que la poſte. Elle doit coûter 9 à 10 jules par jour, & être nuit & jour à vos ordres. Elle vous ſervira pour aller voir les épouſailles de la mer. Dans cette même auberge, je payois un philippe par jour, pour ma nourriture, & un teſton pour une chambre. On y boit de très-mauvais vin; ainſi il faut faire proviſion de vin étranger, ſi l'on veut boire.

Il y a ſouvent de très-bonne muſique dans les égliſes, dont les plus belles ſont ſan-Gorgio Maggiore, la Salute, il Padri Scalzi, Padri Gezuiti, il Redentore, ſan-Marco.

On eſtime beaucoup le moſaïque de la voûte & du pavé de St. Marc. Pour découvrir Veniſe dans ſon plus beau point, il faut monter ſur la tour de St. Marc.

L'arſenal eſt digne d'être vu. Il faut avoir ſoin de dire à celui qu'on charge de vous conduire, que vous lui donnerez, à lui ſeul, *la cortezia*, & que ce ſera à lui à s'ajuſter avec tout le monde; autrement, en donnant des bagatelles, vous ne contenteriez pas la moitié des quêteurs pour dix piſtoles. Un ſequin, en ſortant, au conducteur, eſt une maniere fort honnête, pour le remerciement de laquelle il vous donnera de l'*illuſtriſſimo*, tant que vous voudrez.

Le tréſor de Saint-Marc, qu'on vante tant, ou celui de Saint-Denys, c'eſt la même choſe; & il ne mérite pas le ſacrifice du temps qu'il faut pour le voir, excepté le ſoi-diſant manuſcrit de Saint-Marc, qui eſt preſque tout effacé & en lambeaux.

La place de Saint-Marc eſt le plus ſuperbe morceau qui ſoit à Veniſe. Le Broglio, qui eſt attenant, eſt une autre place moins grande, qui ſert de promenade aux nobles, proche l'égliſe, & le palais de Saint-Marc, d'architecture gothique. Il y a beaucoup de palais eſtimés des connoiſſeurs, par leur architecture. C'eſt un point capital à Veniſe, d'où dépend votre tranquillité, de ne jamais parler, ni en bien, ni en mal du gouvernement; du reſte, faites ce qu'il vous plaira, ſans aucune inquiétude. Vos gondoliers, votre maîtreſſe, & tout ce qui vous approche, ſont autant d'eſpions ſecrets qui vous environnent.

Le pont de Rialto de marbre, & d'une ſeule arche, eſt un chef-d'œuvre de l'art. Le Ridoto eſt un endroit où ſe raſſemblent les maſques pour jouir. Il n'y en a qu'en carnaval : on n'y peut entrer que mafqué, & il eft défendu d'y parler.

Une matinée fuffit pour aller à Mura-
no, qui n'eft qu'à un mille de Venife.
C'eft où l'on frabrique les glaces.

N'oubliez pas d'aller à Saint-Luc, &
examinez foigneufement s'il eft vrai qu'on
y ait mis, fur le tombeau d'Arétin, cette
mordante épigraphe, en forme d'épitaphe :

Condit Aretini cineres lapis, ifte fé-
*   pultos,*
Mortales atro qui fale perfrieuit
Intactus deus eft illi, caufamque ro-
*   gatus,*
Hanc dedit : Ille, inquit, non mihi
*   notus erat.*

Plufieurs perfonnes m'ont affuré qu'elle
y étoit encore; mais j'en doute. On peut
facrifier une journée pour aller à Padoue,
voir la fuperbe églife de Sainte-Juftine,
qui, après Saint-Pierre de Rome; eft la
plus belle de toute l'Italie, & auffi la
chapelle de Saint-Antoine, où il y a plus
d'argenterie que fur le quai des orfevres
à Paris. Comme il n'y a à Padoue que
ces deux monumens à voir, vous pourrez
revenir à Venife le même jour, fi vous
êtes parti de grand matin, fi vous êtes
parti armé de quatre bons rameurs; car
il ne faut que cinq heures pour revenir.

Si vous prenez un beau jour, vous joui-
rez, le long de la riviere de Brenta, de
la vue d'un grand nombre de belles maifons de campagne ; entr'autres, celle de
Pizani, ci-devant juge de Venife, qui mérite bien que vous mettiez pied à terre
un quart - d'heure. Ne reprenez pas le
chemin de Venife depuis Padoue, mais
allez en droiture à Ferrare, paffant par
Rongo ; car la route eft beaucoup plus
belle, allant tout par terre de Ferrare à
Ravenne. Il a 50 milles, & vous y allez
coucher ; de-là à Rimini, où le gué de
Pizatello, qui eft le Rubicon des Romains, que Céfar rendit fi célebre. Toute
cette route eft remplie de jolies petites
villes jufqu'à Ancone, d'où l'on va, dans
une demi-journée, à Lorette, par un affez
mauvais chemin. On vous inftruira affez
de ce que vous avez à voir à Lorette,
il eft inutile d'en parler.

Etant refté à Venife depuis le 9 jufqu'au 15, vous êtes le 16 au foir à Ferrare, le 17 à Ravenne, le 20 à Lorette,
& le 23 à Rome, tout au plus tard.

Voulant voir Naples, vous reftez tout
au plus un jour & demi à Rome, pour
fatisfaire la premiere boufée de curiofité :
vous allez voir Saint-Pierre, la Rotonde,
la place Navonne & le carrefour des Qua-
tre-Fontaines ; cela fuffit. Vous en partez

le 25 à 2 heures, & vous allez coucher à Veletry, pour repofer quelques heures. Il eft à 22 milles de Rome. Vous en repartez à 3 heures du matin, ou plutôt, & vous arrivez le même jour à Naples. La meilleure auberge eft le Mont-d'or.

Aucune ville qu'on voit de Rome à Naples, ne mérite que vous vous arrêtiez. On traverfe Fondi; Gaëte, & Capone, cela fuffit. En paffant à Mola, vous voyez le jardin de Cicéron, rempli d'orangers, qui verfent fur le grand chemin. C'eft en fortant de cette ville qu'il fut affaffiné.

On fe munit communément à Rome d'un paffe-port d'un miniftre de Naples; qui eft vifé trois fois à Portello, à Mola & à Capoue; à plus forte raifon en temps de guerre.

(Il faut fe munir d'un paffe-port de l'ambaffadeur de France & de celui de Naples, fans quoi on effuie toutes fortes de tracafferies. En y allant vers Noël, on évitera une partie de la rigueur de la faifon, qu'on reffent à Rome comme ailleurs).

Pour voir Naples de l'endroit le plus avantageux, il faut aller aux Chartreux, à Saint-Martin; l'églife eft belle, la vue charmante. On voit tout Naples au-deffous de foi; on voit venir des vaiffeaux

de très-loin; les isles de Caprée, où étoit
le serrail de Tibere; le mont Véfuve : &
la sacristie de l'église des Chartreux est,
ainsi que celles de la plupart de celles
d'Italie, remplie d'une argenterie immense
& de pierres précieuses. Il y a dans Naples quantité de beaux palais; mais quand
on a vu ceux de Rome, il faut laisser là
ceux de Naples. Ce qu'il faut voir, c'est
le palais-royal, l'académie, ou studii novi,
l'arsenal & le magasin des galeres. La
place des Carmes, où se tient le marché
aux herbes ; qui se vuide & se remplit
trois ou quatre fois le jour, avec une vî-
tesse incroyable : tant il y a de monde
qui en mange à Naples.

Il faut tâcher de voir le théâtre de
Saint-Charles : c'est aujourd'hui le plus
grand de l'Italie, où l'on représente. Il,
y a grand nombre de belles églises, remarquables par la richesse des peintures
& des dorures; car pour l'architecture,
il n'y a que Rome & Venise: on peut
voir les principales : les Jésuites, Saint-
Jean, les Carmes, Saint-Paul, Sainte-
Marie-de-l'Annonciation, l'Hospitatella,
Saint-Dominique, Saint-Jean à Carbonara;
cette derniere est curieuse par l'antiquité
des tombeaux des rois, & leur quantité.

Pour toutes les choses ci dessus, il ne
faut qu'une journée, deux tout au plus.

Il en faut une pour aller au Vésuve, s'il n'est pas en colere. Il n'y a que 8 milles : quatre de plaines, & quatre à monter à cheval, & à pied là où le cheval ne peut plus monter. Mais l'on ne voit rien & l'on se fatigue beaucoup. Je crois que tout bien compté, on peut s'en passer. D'ailleurs, la promenade est dangereuse.

Il n'en est pas de même de Pouzzol. Il y faut une journée entiere. On prend une caleche avec deux bons chevaux, qui vous menent au galop ; elle vous coûtera 16 carlins ou 12 livres. Dans cette journée, il y a de quoi contenter la curiosité. On passe d'abord, au sortir du fauxbourg de Naples, la grotte appellée *Pausilippo* : c'est un passage taillé dans le roc, qui rend le chemin droit, sur une montagne. Cette grotte a un bon mille de longueur. Au-dessous de l'entrée de cette grotte, on voit le tombeau de Virgile, à demi-ruiné, & couvert, par hasard, de lauriers qui y ont pris racine. Arrêtez-vous un moment, *& da sacro cineri flores.*

Un peu au-delà de *Pausilippo*, sur la droite, est le lac Daguiano, au bord duquel sont les bains de Saint-Germain. Les eaux en sont chaudes, & admirables pour exciter la transpiration. Les gens attaqués de la goutte y reçoivent de grands sou-

lagemens ; mais c'eſt principalement la
reſſource des vérolés ; le grand remede
n'étant preſque pas en uſage dans ces
quartiers-là ; c'eſt-à-dire que tous naiſſent, vivent long-temps, & meurent avec
la vérole. Ils ſe contentent, dans les ex-
trêmes, ou accidens extérieurs, d'uſer de
palliatifs, & d'étourdir le mal par la voie
de la tranſpiration.

Sur les bords du même lac, eſt la grotte
du Chien, d'où ſort une vapeur ſubtile
& pénétrante, qui ſuffoque en un inſtant.
On fait l'épreuve d'y mettre un chien,
qui, après quelques contorſions, perd
l'uſage de tous ſes ſens. On le jette dehors comme un mort, enſuite on le plongé
dans le lac, d'où, en un inſtant, il ſort
en nageant & aboyant. On dit qu'on a
fait des expériences ſur des hommes &
ſur des animaux, qui ont produit le même
effet.

A quelques lieux de-là on monte le
Montéſeco, autrement dit la Solfatare.
La cime de cette montagne eſt toute
conſumée de ſoufre & de vapeurs qui
la pulvériſent continuellement. Le ſoufre, ſur le ſol, bout & cuit ſans autre
ſecours. Il y a pluſieurs trous, d'où il
ſort de la fumée & des étincelles. On
entend même un bruit ſouterrein. Pluſieurs perſonnes prétendent qu'il y a une

communication entre la Solfatare & le mont Véfuve, par-deffous Naples, qui fait craindre qu'un jour Naples ne s'engloutiffe dans l'abyme; mais il y a apparence qu'il auroit déja éprouvé ce malheur, s'il eût dû lui arriver, & fans la protection de Saint Janvier. Dans tous les environs, l'on ne refpire que foufre, alun & vitriol, dont la fumée noircit les marbres.

En defcendant du côteau de Pouzzol, on voit des veftiges de la magnificence des Romains, & on arrive à la ville, qui n'eft plus fameufe que par l'immenfe quantité des ruines qu'on y voit. C'eft au pied de la ville qu'on remarque quelques ruines dans la mer, qu'on prétend être du pont fi renommé, que Caligula fit bâtir; mais outre que l'hiftoire dit qu'il étoit de bateaux, c'eft que ce qu'on voit, ne paroît guere être des piliers d'arche. De-là on paffe à Bayes, où il y a encore des antiquités remarquables. C'étoit du temps des Romains, le lieu le plus délicieux, & le plus magnifique qui fût au monde. Les veftiges des temples, palais, thermes, amphithéâtre & autres monumens, en font de triftes preuves. On y a déterré, en divers temps, des ftatues de colonies, & divers morceaux de fculpture, d'un grand prix; enfin le nombre des maifons de plaifance, qui étoient le long de ce golphe, l'avoient fait nommer, à jufte titre, le féjour de la volupté. Il y en a qui prétendent que ce golphe étoit le port des Romains; en effet, il feroit plus fûr que celui de Naples, quoiqu'il ne foit fait que par la nature. De Bayes, on traverfe le golphe pour revenir prendre la caleche à Pouzzol. Il faut porter fa provifion de vin & de viande pour dîner; autrement on courroit rifque de faire mauvaife chere.

Etant de retour à Naples, vous y reftez jufqu'au 30. Le 31, vous en partez pour revenir coucher à Veletri, & le premier juin vous pouvez être de retour à Rome à 8 heures du matin. Si vous changez la difpofition de cette route, vous rifquez de ne manger ni dormir; vous pourriez cependant revenir par mont Caffin, qui eft une route plus courte & moins rude; mais je ne fais fi la pofte y eft établie; de façon ou d'autte, foit en allant à Naples, foit en revenant à Rome, il faut fe munir de viande froide, de pain & de vin.

Arrivé à Rome, douze jours vous fuffifent pour voir généralement ce qui mérite d'être vu, & ne voir rien d'inutile; ainfi, vous pouvez être de retour à Livourne le 20 juin, en ne perdant pas de temps à Rome, c'eft-à-dire prenant à

la journée un carroffe , qui vous coûtera un écu romain , ou un demi-fequin
par jour.

(Il faut faire une vifite à tous les éleves de l'académie de peinture ; c'eft-r affaire d'une heure. On fe fait écrire chez
ceux qu'on ne trouve pas ; ils fe font enfuite un plaifir de vous conduire par-tout,
& vous épargnent bien du temps dans
l'examen des curiofités.)

Des églifes.

Saint-Pierre. Il faut monter à la coupole , & même dans la boule de la lan-
terne ; il y tient 32 perfonnes : nous y
avons été douze, fans nous toucher.

Obfervez que la coupole eft fendue,
parce que le cavalier Bernin voulut pratiquer des efcaliers dans chacun des quatre piliers qui la foutiennent, & qu'on
fut obligé de la ceindre d'un gros cercle
de fer ; & l'on trouva, dans les archives que le cavalier Fontana & Michel-
Ange avoient ordonné expreffément que,
pour quelque motif que ce fût, on ne
touchât jamais à ces piliers , dont la
force étoit proportionnés au fardeau
qu'ils portent.

(Souflot prétend que la fente de la
coupole ne peut être venue des piliers.

Il y a, dit-il, un livre qui le prouve, & qui démontre que cette rupture ne peut être venue que de la trop grande pouſſée de la voûte.)

La Rotonde, ou le Panthéon, bâti par Agrippa, favori d'Auguſte. Les portes en étoient le bronze, les poutres couvertes de bronze doré, & la couverture de lames d'argent, que Conſtantin emporta à Conſtantinople.

C'eſt le ſeul édifice conſidérable de l'antiquité qui reſte en ſon entier. Ce temple, qui eſt de figure ſphérique, eſt d'une majeſtueuſe ſimplicité. La voûte, qui étoit de bronze, fut enlevée par Urbain, de la maiſon des Barberini, pour en faire le baldaquin de Saint-Pierre ; ce qui occaſionna cette plaiſanterie de Paſquin.

Quod non fecerunt barbari,
Fecerunt Barbarini.

Il faut obſerver que la coupole de Saint-Pierre eſt préciſément de la grandeur de ce temple, qui n'a échappé à la fureur des barbares qui détruiſirent Rome tant de fois, que parce qu'il étoit conſacré à tous les dieux, & que chacun craignoit d'y trouver, & d'y détruire le ſien.

Santa-Andrea della valle, d'une architecture fimple, mais parfaite dans fes proportions.

San-Ignazio. C'eft l'églife du fameux college romain.

Il Gefû. La célebre chapelle de Saint Ignace, faite aux dépens de toutes les maifons de la chrétienté.

San-Carlo al Corfo. Eglife magnifique, mais trop élevée pour fa largeur.

La Madonna della vittoria. La célebre Thérefe du Bernin & le Jofeph du Baromini s'y voient.

Les Chartreux. Cette vafte églife eft bâtie dans un falon du bain de Dioclétien. Les colonnes de granit y font les mêmes qui y étoient. Il y a une méridienne parfaite de Caffini.

Le noviciat des Jéfuites. C'eft un bijoux, & l'unique de fa forme.

San-Carlino alle quatre fontane. Cette églife, dans laquelle il y a quatre chapelles fous le maître-autel, eft précifément de la grandeur d'un des piliers qui foutiennent la coupole de Saint-Pierre.

7. Sancti apoftoli, Gefu Maria, la Chiefa nuova. San Giovani in laterano.

La chapelle Corfini. Le magnifique portail eft vis-à-vis de l'églife de Santa-Scala, qu'on ne monte qu'à genoux.

Santa-Maria Maggiore. La chapelle de Paul V & de Sixte V.

Santa-Agnese en place Navone : du Bi-romini.

Santa-Andrea de' frati, ou delle frate.

San-Pietro in vincoli, où eſt le Moyſe de Michel Ange.

La Minerve, où eſt le Chriſt, du même.

San-Pietro in Montorio. Au maître-autel eſt la Transfiguration, de Raphaël, qui fut portée à ſon enterrement.

San-Paolo fuor di Roma. La nef, qui eſt d'une grandeur extraordinaire, eſt ſoutenue de quarante colonnes de breche, violette, qui formoient autrefois une colonade autour du château Saint-Ange, que l'empereur Adrien avoit fait bâtir pour ſon mauſolée. On trouve, à mi-chemin, une petite chapelle qui fut bâtie au lieu où l'on dit que St. Pierre & St. Paul ſe quitterent pour courir au martyre.

Peu loin de cette chapelle, on voit monté teſtacio, montagne formée de pots caſſés.

Palais Farneſe. Remarquez le cheval qui eſt dans la cour Barberin, ou Paleſ-trina.

Pamphili, Borgheze, Colonne, Corſini. Il faut voir les galeries de tous ces palais.

Le Vatican. Les ſalles de Raphaël, ſur-tout celle où S. Paul entre dans l'aréo-page, & l'original des batailles de Conſtantin', dont les estampes font à Paris.

La bibliotheque, les jardins, les ftatues, l'Apollon, le Torfe, l'Antinoüs & le Laocoon dont parle Virgile.

Monte Cavalo ne mérite pas d'être vu. La porte principale eft manquée; la cour & les jardins font ce qu'il y a de plus beau; l'intérieur eft peu de chofe.

Le palais Orfini eft bâti dans le fameux théâtre de Marcellus. On en voit encore les reftes proche la Pefcheria.

Vignes. Borgheze, à une portée de fufil hors de la porte du Peuple. Elle eft, fans contredit, la plus belle de toutes, pour le recueil d'antiquités, de ftatues, le palais & l'étendue des jardins. Les plus fameux morceaux font le Gladiateur & l'Hermaphrodite.

Pamphile. La plus belle pour les jardins.

Farnefe. La plus belle pour les ruines. On y voit le falon où Néron recevoit les ambaffadeurs. Il y a des bains fouterreins, où l'on conferve encore des peintures du temps de Néron. Cette vigne étoit le centre du palais de Néron, dans l'enceinte duquel le colyfée étoit renfermé.

Médicis, Montalte ou Negront Ludovifi.

Ces trois vignes étant dans Rome, on

peut les voir, chemin faifant (les jardins s'entend) excepté celle de Ludovifi, dont il faut voir la galerie, y ayant
plufieurs beaux morceaux d'antiquité.

A celle de Negrini, jadis Sixte V, on
voit la mulle empaillée qui fervoit de
monture à ce pape.

Curiofités particulieres.

La fontaine de la place Navonne, qui
eft le chef-d'œuvre du cavalier Bernin.

Le college romain.

Le capitole. On y voit Marforio, qui
eft très-peu de chofe ; mais il faut l'avoir
vu , ainfi que la ftatue mutilée, ou le
trône de Pafquin , qui eft derriere la
place Navonne. Il faut voir, au capitole,
le beau recueil d'antiquités du pape Clément XII, le carrefour des quatre Fontaines, la porte du Peuple : ce font les
deux plus beaux points de vue de Rome.

La façade de la propaganda fide.

La fapience du Barominie , qui a eu un
goût d'architecture très-bizarre.

La colonne Trajanne.

La colonne Antonine.

La pyramide de Ceftius , fur laquelle
il faut monter, & tâcher d'entrer dans
une chambre qui s'y trouve.

La fontaine de San-Pier in montorio.

On

On la voit en même-temps que l'églife de la Transfiguration.

L'arc de Titus, fur lequel eft repréfenté le chandelier à fept branches, qu'il rapporta de Jérufalem.

L'arc de Septime-Sévere.

L'arc de Conftantin. Il eft enterré de quinze pieds, ainfi que l'ancienne Rome; on en a diverfes preuves, par plufieurs endroits qu'on a trouvés pavés à cette profondeur.

Au veftige du temple de la paix; ce qui en refte, fuffit pour en faire voir la hauteur, la longueur & la largeur. Suivant ce qui en a été remarqué, c'eft le plus vafte temple qu'aient eu les Romains.

Le théâtre d'Aliberti, le théâtre d'Argentina : ce dernier, quoique très-vafte, eft moins grand que celui d'Aliberti, mais d'une bien plus noble architecture. Il a fervi de modele pour le théâtre de Saint-Charles, que le roi de Naples a fait faire.

Le colifée. Ce morceau, immenfe par la folidité, échappé à la fureur des barbares qui avoient arraché jufqu'aux liens de cuivre qui enchaînoient les pierres l'une à l'autre, fut entamé fous le pontificat de Paul III, à l'inftigation de Michel-Ange, qui obtint d'en faire démolir & enlever tout ce qu'il pourroit dans

le terme de 24 heures. On y mit plufieurs mille hommes, qui en abattirent
ce qu'on voit qui manque à ce fuperbe
édifice, & les neveux de ce pape en bâti-
rent le palais Farnefe. Ce fut un coup
de Michel-Ange, qui, trop jaloux de fa
gloire, auroit voulu, au prix de fa vie
même, éteindre tout ce qui reftoit de
monumens antiques.

On pourroit fe paffer de voir Frefcati,
Tivoli, Albano, &c. Il y a, dans tous
ces endroits, de fort jolies vignes ; mais
pour ce qui eft de ces eaux fi renommées, on ne peut leur accorder tout au
plus que la gloire de l'invention. Ces
lieux, tant exaltés, font à comparer aux
jardins de Marli, comme le jardin de
l'hôtel de Soubife aux Tuileries, ou comme l'églife des Quinze-vingt à celle des
Invalides. Cette curiofité ne doit être fatisfaite que par ceux qui reftent fix mois
à Rome.

A Rome, il convient d'aller loger en
place d'Efpagne, *al monte D'oro*, quand
on y refte peu de temps.

Par toute l'Italie excepté Venife, au
temps du carnaval, ou de l'afcenfion,
c'eft un prix réglé dans toutes les auberges, fans aucune diftinction, que fept
jules par jour, 3 à dîner & 4 à fouper,
à caufe de la chambre.

Dans chaque ville, faire marché pour les repas, la chambre & le feu féparément, avant de faire dételer.

Eviter de coucher dans les villages.

Les valets de place coûtent 30 fous par jour pour tout. Ils indiquent les curiofités & les prix. Les hôtes en répondent. Les carroffes, chaifes, &c. fe louent par jour & par demi-journée.

Les meilleures chaifes en foufflet, font préférables aux milanoifes.

Convenir avec les voituriers des voyages & féjours : le marché par écrit. Se munir de tabac.

F I N.

www.ingramcontent.com/pod-product-compliance
Ingram Content Group UK Ltd.
Pitfield, Milton Keynes, MK11 3LW, UK
UKHW020730120726
13693UKWH00001B/261